사주명리학의 과학적 탐구

원리편

저자—이승재

---

* 사주명리학이 설계된 상수학적 원리를 규명하였다.
  또한 사주명리학의 상수학적 설계원리에서 자동으로
  도출된 실증적 해석법을 제시하였다.

* 천간합과 형충회합이 공간대칭과 시간대칭에 의해서
  성립되는 것을 규명하였다. 또한 시공간 계층구조를
  통해서 근묘화실과 택지향묘지혈의 물리적 실체를
  규명하였다.

MIRAETEO

이 책의 소개

사주명리학(四柱命理學)은 지구의 공전(公轉)과 자전(自轉)에 의해서 발생하는 연월일시(年月日時)가 간지(干支)로 표시된 사주팔자(四柱八字)를 다루는 상수학(象數學)이다. 간지로 표시된 사주팔자의 물리적 실체는 연주(年柱), 월주(月柱), 일주(日柱), 시주(時柱)의 순서로 짜인 시공간(時空間) 계층구조(階層構造)이다.

이 책은 위의 구절처럼 사주명리학이 설계된 상수학적 원리를 규명하였다. 또한 사주명리학의 상수학적 설계원리에서 자동으로 도출된 실증적(實證的) 해석법을 싣고 있다.

위와 같은 집필 의도로 인해서 이 책은 다음과 같은 내용으로 채워져 있다.

첫째, 저술의 순서 자체가 과학적 원리의 규명과 원리에서 자동으로 도출되는 과학적 응용의 절차를 따랐다. 이런 저술의 순서에 입각하여 크게 2개의 대단원(大單元)으로 구성되었는데, 첫째 대단원인 1부에서는 사주명리학의 상수학적 설계원리를 기술하였고, 둘째 대단원인 2부에서는 사주명리학을 통한 시공간의 해석법을 제시하였다.

둘째, 간지의 정체와 근원을 밝혔다. 간지는 북두칠성으로 월(月)과 시(時)를 동서남북의 방향에 토대를 두고서 십이등분(十二等分)한 방향으로 측정하는 방법의 좌표단위(座標單位)이다.

셋째, 십이지지(十二地支)가 공시간(空時間)과 시공간(時空間)의 기능을 모두 수행하는 것을 밝혔다. 역학은 주로 공간의 물리적 단위로 양음(陽陰)을 사용하고, 시간의 물리적 단위로 오행(五行)을 사용한다. 따라서 공시간은 양음의 큰 주머니 안에 오행이 존재하는 포함관계이고, 시공간은 오행의 큰 주머니 안에 양음이 존재하는 포함관계이다.

넷째, 간지의 상호작용(相互作用)인 천간합(天干合)과 형충회합(刑沖會合)이 공간대칭(空間對稱)과 시간대칭(時間對稱)에 의해서 성립되는 것을 규명하였다. 역학은 좌표평면(座標平面)에서 발생하는 대칭인 점대칭(點對稱)과 선대칭(線對稱)으로 공간대칭과 시간대칭을 표시한다. 공간대칭에 의해서 발생하는 간지의 상호작용은 천간합, 육합(六合), 삼회(三會), 삼합(三合) 등이 된다. 또한 시간대칭에 의해서 발생하는 간지의 상호작용은 지지충(地支沖), 형(刑) 등이 된다.

다섯째, 천간의 통근(通根)을 시공간의 단위인 오행양음(五行陽陰)에 입각하여 규정하는 수학과학적(數學科學的) 원리를 규명하였다. 또한 통근처의 위치에 입각한 해석법을 제시하였다.

여섯째, 공시간 계층구조에 입각한 사주팔자의 생성과정과 시공간 계층구조에 입각한 사주팔자의 생성과정을 규명하였다. 특히 시공간 계층구조에 입각하여 순차적(順次的)으로 생성된 연주, 월주, 일주, 시주를 각각 '근묘화실(根苗花實)'이라고 부른다. 근묘화실은 사주체(四柱體)를 해석하는 순서와 방법이 된다.

일곱째, 시공간 계층구조를 통해서 '택지향(宅之向) 묘지혈(墓之穴)'의 물리적 실체를 규명하였다. '택(宅)'인 월령(月令)은 시공간 계층구조의 바탕이 되고, '묘(墓)'인 시주궁(時柱宮)은 시공간 계층구조가 담겨지는 최종적인 크기공간이 된다.

사주팔자는 시간, 공간, 공시간, 시공간을 정의하고 도출시킨다. 따라서 사주팔자를 다루는 사주명리학은 초경험적(超經驗的)인 형이상학(形而上學)이 아니라, 물리적 실체를 가진 공간과 시간의 과학이 된다. 이 책은 사주명리학을 통해서 공간과 시간의 〈생성, 결합, 작동, 발현〉 등을 규명하는 연구 능력을 배양하려고 노력하였다.

2020년 양력 11월 2일 검단의 정겨운 책상에서
서흠 이 승 재

이 책의 특징

- 아래 문장에서 주어는 모두 '이 책은'이다. 간결화를 위해서 주어를 모두 생략하였다.

① 저자의 전작(前作)인 『하도낙서의 과학적 탐구』, 『팔괘의 과학적 탐구』, 『자미두수의 과학적 탐구 – 원리편』을 연구의 토대로 삼았다.

② 사주명리학의 설계원리와 해석법을 물리적 실체로 규명하기 위해서 그림과 표를 많이 사용하였다.

③ 사주명리학을 형이상학이 아닌 수리과학(數理科學)으로 확립하기 위해서 자연과학적인 증명을 주로 사용하였다. 관련된 내용을 고서(古書)에서 인용한 것은 선현(先賢)들의 사유방식을 참조하기 위해서만 사용하였다. 따라서 사주명리학을 시공간의 과학으로 사용하고, 역으로 수학과 과학을 사용하여 사주명리학을 연구하는 기반을 설립하였다.

④ 증명이 불가능한 형이상학적인 언어유희로 포장하지 않았으며, 또한 현학적인 수식으로 치장하지 않으려고 노력하였다. 불가피한 수식도 도입되는 과정과 이유를 제시하려고 노력하였다.

⑤ 저자의 순수한 연구 성과만으로 집필되었다. 물론, 저자의 지식 모두는 인류가 유사 이래로 노력한 산물이고 선현들의 유물이다. 그저 저자는 인류의 지식체계에 하나의 씨앗을 더 보탠 것이다. 사주명리학은 오랜 세월에 걸쳐 선현들의 수많은 연구 성과에 의해서 발전하였다. 그 결과로 인해서 사주명리학은 탁월한 적중률과 효능을 이미 확보한 상황이다.

문장부호 일러두기

① " ": 인용문헌의 글을 적을 때 사용되었다.

② ' ': 단어를 강조할 때 사용되었다. 또는 새로운 용어를 설명하거나 규정할 때 사용되었다.

③ 〈 〉: 문맥에서 하나의 단위임을 표시하기 위해서 사용되었다. 또한 〈왕, 생, 극〉처럼 〈 〉에서 쉼표는 단어들 사이가 동등하지 않을 때 사용되고, 〈점 · 선 · 면〉처럼 〈 〉에서 · 는 단어들 사이가 동등한 자격일 때 사용되었다.

④ [ ]: 부연(敷衍) 설명할 때 사용되었다.

⑤ ( ): 한글을 한자로 표기하거나, 한글을 영어로 표기할 때 사용되었다. 또한 문맥에서 필요한 내용임에도 불구하고 누락이나 생략된 구절을 보충할 때 사용되었다.

⑥ 숫자를 포함한 단어의 표기법 : 숫자를 강조할 때는 '28수'처럼 숫자로 표기하였고, 문맥상 숫자의 강조보다 읽기의 편리성이 중요할 때는 '이십팔수'처럼 숫자를 한글발음으로 표기하였다.

⑦ 한자어(漢字語)의 표기법 : 한자어가 처음으로 등장할 때는 단어가 가지는 뜻을 정확히 전달하기 위해서 한글과 한자를 병기(倂記)하였다. 동일한 한자어가 반복하여 사용될 때는 주로 한글만 표기하였다.

⑧ 오행양음(五行陽陰)의 부호에 조사(助詞)를 붙인 방법 : '木陽'을 '木+'으로, '木陰'을 '木−'으로 표기하였다. 따라서 '木+'과 '木−'을 각각 '목양'과 '목음'으로 읽으면서 조사를 붙였다. 예컨대 '水+이 木+을 생하는 것은'의 구절은 '수양이 목양을 생하는 것은'으로 읽으면서 조사를 붙인 것이다.

자주 사용되는 용어풀이

---

① 두병소지(斗柄所指) : 두병(斗柄)은 국자 모양인 북두칠성의 자루[손잡이]를 지칭하는 단어이다. 따라서 두병소지는 초저녁인 술시(戌時)에 두병이 가리키는 방향으로 월(月)과 시(時)를 십이지지(十二地支)로 표시하는 방법이다.

② 하도낙서(河圖洛書) : 시간표시기호체계로서 사용되는 1부터 10까지의 자연수 집합.

③ 상보결합(相補結合) : 서로의 존재를 발생시키는 상반적(相反的) 공생관계인 한 쌍이 인력(引力)으로 결속된 상태를 의미한다. 음양(陰陽)결합은 상보결합의 일종(一種)이다.

④ 공시간(空時間 = space-time) : 역학은 주로 공간의 물리적 단위로 양음(陽陰)을 사용하고, 시간의 물리적 단위로 오행(五行)을 사용한다. 공시간은 공간[양음] 안에 시간[오행]이 존재하는 포함관계를 통틀어 부르는 용어이다. 따라서 공시간의 물리적 단위는 '양음오행(陽陰五行)'이 된다.

⑤ 시공간(時空間 = time-space) : 시간[오행] 안에 공간[양음]이 담겨져서 존재하는 포함관계를 통틀어 부르는 용어이다. 따라서 시공간의 물리적 단위는 '오행양음(五行陽陰)'이 된다.

⑥ 크기성질(extensive property) : 물질의 양이나 계(系, system)의 크기에 비례하는 성질로서 질량, 부피, 무게, 길이 등의 물리량이 해당된다.

⑦ 세기성질(intensive property) : 물질의 양이나 계의 크기에 관계가 없는 성질로서 온도, 밀도, 농도, 압력 등의 물리량이 해당된다.

⑧ 크기공간 : 크기성질의 공간

⑨ 세기공간 : 세기성질의 공간

참고문헌

- 『周易』
- 冠子,『鶡冠子』
- 戴德,『大戴禮記』
- 萬民英,『三命通會』
- 徐樂吾,『滴天髓補註』
- 徐升,『淵海子平』
- 徐子平,『珞琭子三命消息賦注』
- 釋曇塋,『珞琭子賦註』
- 簫吉,『五行大義』
- 沈孝瞻,『子平眞詮』
- 劉伯溫,『滴天髓』
- 劉安,『淮南子』
- 李虛中,『李虛中命書』
- 任鐵樵,『滴天髓闡微』
- 張楠,『命理正宗』
- 鄭麟趾,『龍飛御天歌』
- 周公,『周禮』
- 陳素庵,『命理約言』
- 蔡邕,『月令章句』
- 이승재,『자미두수의 과학적 탐구 - 원리편』, 도서출판 미래터, 2017.
- 이승재,『팔괘의 과학적 탐구』, 도서출판 미래터, 2016.
- 이승재,『하도낙서의 과학적 탐구』, 도서출판 미래터, 2016.

1부
사주명리학의 상수학적 설계원리

丙
辛
合 水

丁 壬
木 合

戊 癸
合 火

合
乙
金

Four Pillars of Destiny

2부
사주명리학을 통한 시공간의 해석법

더알기

1부

사주명리학의 상수학적 설계원리

사주명리학은 지구의 공전과 자전에 의해서 발생하는 연월일시(年月日時)가 간지(干支)로 표시된 사주팔자를 다루는 상수학(象數學)이다. 따라서 1부에서는 사주명리학이 설계된 상수학적 원리를 다음처럼 두 개의 장(章)을 순차적으로 밟으면서 규명하였다.

1장에서는 간지가 시공간을 표시하는 원리를 크게 세 부분으로 나누어 규명하였다. 첫 번째로 간지의 정체가 북두칠성 시계의 좌표단위라는 것을 밝혔다. 두 번째로 간지 중 지지(地支)가 열 두 개인 것은, 1년 동안 달이 약 12번 공전하는 현상이 투영된 낙서(洛書)의 회전관성(回轉慣性)으로부터 생성되었다는 것을 증명하였다. 세 번째로 십이지지(十二地支)가 공시간(空時間)과 시공간(時空間)의 기능을 모두 수행하는 것을 밝혔다.

2장에서는 간지의 상호작용인 천간합(天干合)과 형충회합(刑沖會合)이 공간대칭(空間對稱)과 시간대칭(時間對稱)에 의해서 성립되는 것을 규명하였다. 공간대칭에 의해서 발생하는 간지의 상호작용은 천간합, 육합(六合), 삼회(三會), 삼합(三合) 등이 된다. 또한 시간대칭에 의해서 발생하는 간지의 상호작용은 지지충(地支沖), 형(刑) 등이 된다.

1장

간지가 시공간을 표시하는 원리

　사주명리학(四柱命理學)은 시공간(時空間)을 표시하는 기호인 사주팔자(四柱八字)를 핵심뼈대로 삼는다. 사주팔자는 지구의 공전(公轉)에 의해서 발생하는 연월(年月)과 자전(自轉)에 의해서 발생하는 일시(日時)를 간지(干支)로 표시한 것이다. 따라서 사주팔자는 일종의 역법(曆法)이다.

　역법은 천체의 주기적 운행을 시간단위로 구분하여 표시하는 방법이다. 특히 사주팔자는 역법을 구성하는 시간단위로서 태양월(太陽月)과 시태양시(示太陽時)를 사용한다.

　태양월은 지구의 공전을 태양의 공전으로 대체하여 표시한 황도(黃道)를 24등분한 24절기(節氣)를 순차적으로 두 개씩 묶은 시간단위이다. 1년은 12개의 태양월로 이루어진다. 그리고 시태양시는 지구의 자전에 의해서 겉보기 운동하는 태양의 실제 위치가 나타내는 시간으로서, 태양이 남중(南中)하는 때를 정오(正午)인 12시로 설정한 시간표시법이다.

　지금까지 살펴본 바와 같이 사주명리학은 지구의 공전과 자전으로 발생하는 시간단위를 간지로 표시한 사주팔자로부터 시작한다. 따라서 사주명리학의 연구도 간지에 대한 탐구가 시발점(始發點)이 된다.

　간지는 천간(天干)과 지지(地支)를 압축한 단어이다. 천간은 주로 시간을 표시하는 기호로 사용되고, 지지는 주로 공간을 표시하는 기호로 사용된다. 역학(易學)에서는 시간의 흐름에 의해서 움직이는 구성요소를 '성(星)'으로 설정하고, 성이 들어가서 머무르는 공간을 '궁(宮)'으로 설정한다. 따라서 천간은 '천간성(天干星)'으로, 지지는 '지지궁(地支宮)'으로 불리기도 한다. 이처럼 간지는 시공간을 표시하는 기호이다.

간지의 종류는 총 60개이다. 왜냐하면, 10개의 천간과 12개의 지지가 각각 상하(上下)로 조합되어서 최소공배수(最小公倍數)인 60개의 간지가 발생하기 때문이다. 이런 60개의 간지조합을 최초의 간지인 甲子로 대표하여 '60갑자(六十甲子)'라고 부른다.

간지는 북두칠성으로 월(月)과 시(時)를 동서남북의 방향에 토대를 두고서 십이등분(十二等分)한 방향으로 측정하는 방법의 좌표단위(座標單位)이다. 중국의 고대 시절부터 관측과 계산의 편리성 때문에 태양의 운동을 북두칠성의 운동으로 대체하여 월과 시를 측정하였다.

북두칠성 시계로 측정된 월 중 〈자월(子月), 묘월(卯月), 오월(午月), 유월(酉月)〉에서 태양의 일주운동(日周運動) 궤적이 갖는 고도(高度)를 숫자로 표시한 그림이 바로 하도(河圖)이다. 일주운동은 지구의 자전에 따른 천체의 겉보기운동이다.

12개의 월 중 〈子月, 卯月, 午月, 酉月〉만이 하도에 사용된 이유는, 이런 4개의 월이 네모로 표현되는 땅의 방위인 동서남북(東西南北)에 대응하기 때문이다. 또한 네모인 땅의 중앙과 동서남북을 합쳐서 오행(五行)이 발생하고, 각 오행은 양(陽)과 음(陰)을 갖는다. 이런 10개의 오행양음(五行陽陰)을 대표하는 숫자가 바로 하도수(河圖數)이다. 따라서 10개의 천간은 하도수로부터 생성된다.

북두칠성 시계로 측정된 시진(時辰 : 십이지지로 표시된 시간)별 공기[하늘]와 흙[땅]의 온도(溫度)를 숫자로 표시한 그림글이 낙서(洛書)이다.

낙서에 사용되는 십이시진(十二時辰)은, 음력(陰曆)의 초하룻날[삭일(朔日)] 술시(戌時)에 관찰되는 북두칠성 시계의 방향으로부터 유래하였다. 지구가 한 번 공전하는 1년 동안 달은 거의 12번 지구 주위를 공전하므로, 지구에서 바라볼 때 달과 태양이 같은 방향에 위치하는 합삭일(合朔日)도 12번 발생한다. 따라서 북두칠성 시계도 12개의 회전각으로 이루어진 회전좌표를 갖는다. 이런 12

간지가 시공간을 표시하는 원리

개의 회전각이 낙서의 회전관성(回轉慣性)에 대응되어 12개의 지지로 이루어진 좌표단위로 재탄생된다. 결과적으로 12개의 지지는 낙서로부터 생성된다.

회전관성은 물체의 회전 운동에 대한 관성의 크기를 나타내는 양이다. 다시 말해서, 회전관성은 회전하는 물체가 외부로부터 힘을 받지 않고도 회전하는 상태를 지속하려는 성질이다.

십이지지는 공시간(空時間)과 시공간(時空間)의 기능을 모두 갖는다. 역학은 주로 공간의 물리적 단위로 양음(陽陰)을 사용하고, 시간의 물리적 단위로 오행을 사용한다. 따라서 공시간은 양음의 큰 주머니 안에 오행이 존재하는 포함관계이고, 시공간은 오행의 큰 주머니 안에 양음이 존재하는 포함관계이다.

역학은 공시간이 먼저 존재하고, 그 안에 시공간이 존재하는 계층구조를 사용한다. 다시 말해서, 역학은 공간이 먼저 존재한 후에 시간이 발생하고 다시 시간 안에 공간이 발생하는 현상이 반복되는 교대형(交代形) 계층구조를 사용한다.

60개의 간지 중 甲子가 처음이 된 이유는, 간지가 사람의 눈으로 직접 관찰하는 지평좌표계(地平座標系)인 북두칠성 시계의 좌표단위이기 때문이다. 역학에서는 이런 지평좌표계를 지리좌표계(地理座標系)라고 부른다.

간지 중 땅의 좌표단위는 지지이다. 따라서 지지의 근원인 낙서에서 태양열(太陽熱)이 가장 적은 숫자인 1에 대응되는 子가 십이지지의 처음이 된다. 왜냐하면 지리좌표계인 북두칠성 시계로 천지(天地) 중에서 같은 공간인 땅의 좌표단위인 지지를 표시하는 것은, 다른 보정(補整)작업이 필요하지 않기 때문이다.

십이지지 중 子가 처음이 되는 이유는, 하루의 시작이 寅時가 아닌 子時가 되는 사주명리학의 역법에도 동일하게 적용된다.

간지 중 하늘의 좌표단위는 천간이다. 원래는 지지처럼 천간의 근원인 하도에서 태양의 일주운동 궤적이 갖는 고도가 가장 작은 1에 대응되는 壬이 십천간(十天干)의 처음이 되어야 한다. 그럼에도 불구하고, 십천간의 처음은 양간(陽干 : 양의 천간)인 壬에서 시간이 흘려서 바로 다음의 양간인 甲이 된다. 왜냐하면 지리좌표계인 북두칠성 시계로 천지(天地) 중에서 다른 공간인 하늘의 좌표단위인 천간을 표시하는 것은, 하늘의 좌표단위가 땅에 도달하는 시간을 반영하는 보정작업이 필요하기 때문이다.

십천간 중 壬이 아닌 甲이 처음이 되는 이유는, 한 해의 시작이 子月이 아니고 寅月이 되는 사주명리학의 역법에도 동일하게 적용된다.

지금까지 살펴본 간지의 탐구 순서를 [그림1]에 압축하여 제시하였다.

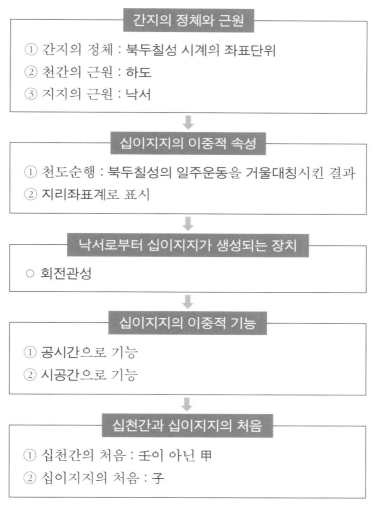

간지의 정체와 근원

① 간지의 정체 : 북두칠성 시계의 좌표단위
② 천간의 근원 : 하도
③ 지지의 근원 : 낙서

십이지지의 이중적 속성

① 천도순행 : 북두칠성의 일주운동을 거울대칭시킨 결과
② 지리좌표계로 표시

낙서로부터 십이지지가 생성되는 장치

○ 회전관성

십이지지의 이중적 기능

① 공시간으로 기능
② 시공간으로 기능

십천간과 십이지지의 처음

① 십천간의 처음 : 壬이 아닌 甲
② 십이지지의 처음 : 子

[그림1] 간지의 탐구 순서

1
간지의 정체와 근원

사주팔자는 천문학적인 관점에 입각하여 지구의 공전에 해당하는 천반(天盤)과 지구의 자전에 해당하는 지반(地盤)으로 나누어진다. [그림2]처럼 천반은 사주팔자 중 연주(年柱)와 월주(月柱)로 구성되며, 지반은 사주팔자 중 일주(日柱)와 시주(時柱)로 구성된다.

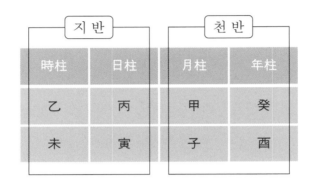

[그림2] 사주팔자의 천반과 지반

다시 사주팔자를 구성하는 천반과 지반을 지구 위의 사람이 관찰할 수 있는 태양의 일주운동으로 표시하면, 다음의 [그림3]이 된다.

[그림3]의 위쪽에서 절기(節氣)로 표현되는 태양월에 따라서 생기는 태양의 궤적이 천반이 되고, 천반인 태양의 궤적 안에서 시진(時辰)에 따라 일주운동을 하는 태양은 지반이 된다. [그림3]의 아래쪽은 위쪽을 지평좌표계(地平座標系)로 단순화하여 표시한 것으로서, 천반을 특징짓는 좌표는 태양의 고도각(高度角)이며 지반을 특징짓는 좌표는 태양의 방위각(方位角)임을 보여준다. 주로 태양의 남중(南中)고도각이 태양의 고도각을 대표하여 사용된다.

지평좌표계는 관측자가 서 있는 지평면(地平面)을 기준면으로 사용하는 좌표계이다. 지평 좌표계는 천체의 위치를 고도와 방위각으로 표시한다. 고도는 지평선에서 그 천체 현상의 위치까지 수직으로 잰 각이고, 방위각은 북점(北點)에서 천체가 있는 수직권과 지평이 만나는 점까지 지평선을 따라 동쪽 방향으로 측정한 각거리이다.

실제로 사주명리학에 적용되는 역법은 태양의 고도각을 황경(黃經)으로, 태양의 방위각을 적경(赤經)으로 대체하여 사용한다. 황경은 황도좌표계(黃道座標系)의 경도(經度)를 줄인 말이고, 적경은 적도좌표계(赤道座標系)의 경도(經度)를 줄인 말이다.

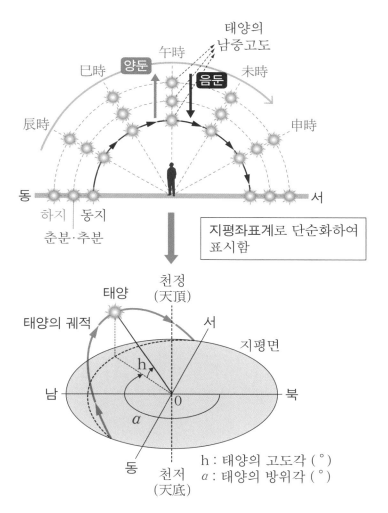

[그림3] 태양의 일주운동에서 천반과 지반

지금까지 살펴본 것처럼 지구의 공전을 표시한 천반과 자전을 표시한 지반은 각각 황도좌표계와 적도좌표계에 의해서 도출된다. 따라서 서로 다른 좌표계로 도출된 천반과 지반은 합산(合算)이 될 수 없다. 다시 말해서, 황경의 좌표단위로 표시되는 천반과 적경의 좌표단위로 표시되는 지반의 상호작용은 하나의 합계(合計)로 규정될 수 없다. 예컨대 3ml의 물과 5kg의 소금을 더하면, 8ml도 아니고 8kg도 아니다.

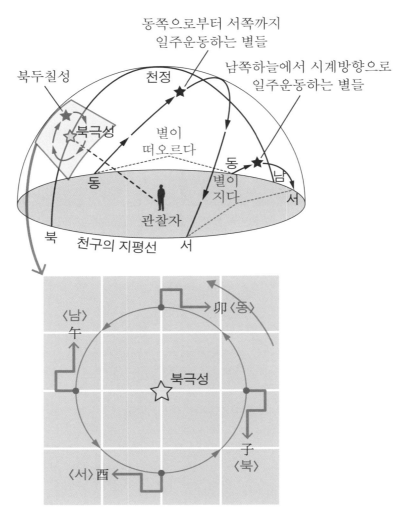

[그림4] 북쪽 하늘의 북두칠성 시계

위에서 알아본 사주팔자에서 천반과 지반의 좌표단위가 다른 문제를 해결하기 위해서, 지구의 공전과 자전을 하나의 천문현상으로 표시하는 지평좌표계가 등장하였다. 이런 통합의 지평좌표계가 두병소지(斗柄所指)이다.

두병(斗柄)은 국자 모양인 북두칠성의 자루[손잡이]를 지칭하는 단어이다. 따라서 두병소지는 [그림4]와 [그림5]처럼 초저녁인 술시(戌時)에 두병이 가리키는 방향으로 월(月)과 시(時)를 십이지지(十二地支)로 표시하는 방법이다.

북쪽 하늘의 북극성과 북두칠성은 지구로부터 매우 멀리 떨어져서 빛을 방출하기 때문에, 항상 지구의 공전궤도에 거의 수직인 직사광선이 된다. 따라서 지구의 공전에 의해서 발생하는 태양월은 자전하는 지구 위의 사람이 바라보는 두병소지로 대응하여 표시된다. 이처럼 두병소지는 지구의 공전으로 발생하는 태

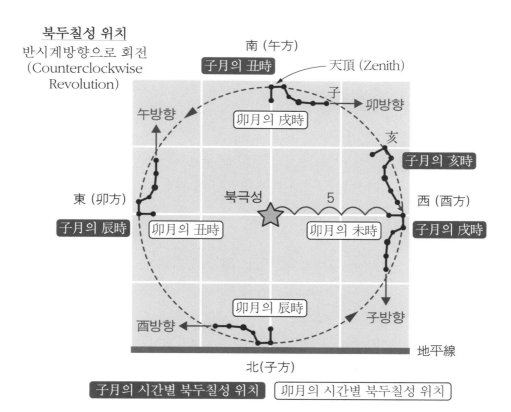

[그림5] 두병소지로 측정된 월과 시

양월까지 지구의 자전에 대응하여 시진처럼 십이지지로 측정하는 통합적인 지평좌표계가 된다.

지금까지 살펴본 대로 두병소지를 이용하면 사주팔자의 천반이 갖는 좌표단위를 지반이 갖는 좌표단위에 대응시켜서 천반과 지반의 좌표단위를 통일시킬 수 있다. 역으로 간지를 이용하여 사주팔자의 천반과 지반을 통일적으로 표기하는 것은, 두병소지의 좌표단위를 사용한 것이 된다. 결론적으로 간지는 지평좌표계의 일종인 두병소지 좌표계의 좌표단위가 된다.

중국 후한(後漢) 말기의 학자인 채옹(蔡邕)이 쓴 『월령장구(月令章句)』에서도 아래처럼 두병소지의 좌표단위가 간지임을 밝혔다.

"대요(大橈)가 오행의 이치를 분간하여 북두칠성의 자루가 가리키는 것[두병소지(斗柄所指)]을 헤아렸다. 이에 비로소 甲乙을 만들어서 日에 이름을 붙이고, 그것을 간(干)이라 일컬었고, 子丑을 만들어서 月에 이름을 붙이고, 그것을 지(支)라고 일컬었다."

"大橈采五行之情, 占斗綱所建, 於是始作甲乙以名日, 謂之干, 作子丑以名月, 謂之支."

필자의 전작(前作)인 『하도낙서의 과학적 탐구』에 나온 것처럼, 하도낙서(河圖洛書)도 지구의 공전과 자전에 의해서 두병소지로 정해지는 시간단위별 관측값을 숫자로 표시한 것이다.

하도는 태양의 일주운동 궤적이 갖는 고도(高度)를 이분이지(二分二至)의 시간단위에서 3과 2의 거듭제곱으로 표시한 그림이다. 이분이지는 '춘분(春分)과 추분(秋分), 동지(冬至)와 하지(夏至)'를 압축한 단어이다.

[그림6]처럼 하도는 양둔(陽遁)에서 점차적으로 상승하는 태양의 고도를 3의 거듭제곱이 커지는 것으로 표시하고, 음둔(陰遁)에서 점차적으로 하강하는 태양의 고도를 2의 거듭제곱이 커지는 것으로 표시한다.

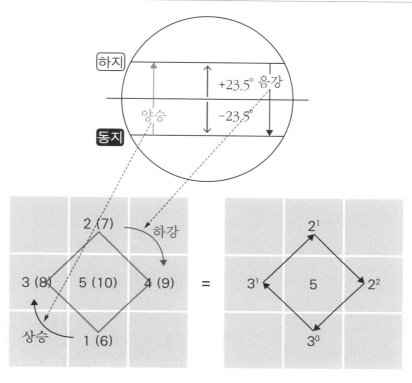

[그림6] 지구의 공전에 의한 태양의 고도를 표시한 하도

하도에 적용되는 시간단위인 이분이지는 두병소지로 측정된다. 역으로 두병소지로 측정되는 월(月)과 월이 모인 연(年)은 하도에 대응된다. 따라서 두병소지의 좌표단위인 간지에서 하늘을 담당하는 천간은 동일한 천도(天道)에 해당하는 하도로부터 생성된다. 이런 이유로 '하도천간(河圖天干)'이라는 단어도 사용된다.

지구의 공전에 의해서 발생하는 시간 단위인 태양월은 관찰자의 위치에 관계없이 천(天)의 공간에 위치한 황도를 12등분한 것이다. 따라서 사주팔자의 연주와 월주를 천반으로 지칭하고, 하도는 천도에 해당한다.

하도로부터 천간이 생성되는 과정은 [그림7]과 같다. 10개의 천간은 10개의 하도수(河圖數)와 일대일(一對一) 대응에 의해서 생성된다. 하도수는 시간의 흐름인 오행(五行)을 상징한다. 오행은 두병소지의 독특한 시간 설정법으로부터 발생한 개념이다. 두병소지는 두병이 가리키는 방향으로 월과 시를 정하는데,

사람이 가장 인지하기 쉬운 기본적인 방향은 동서남북과 중앙이다. 따라서 동서
남북과 중앙을 합친 5개의 기본적인 방향이 기초적인 시간단위가 된 것이 오행

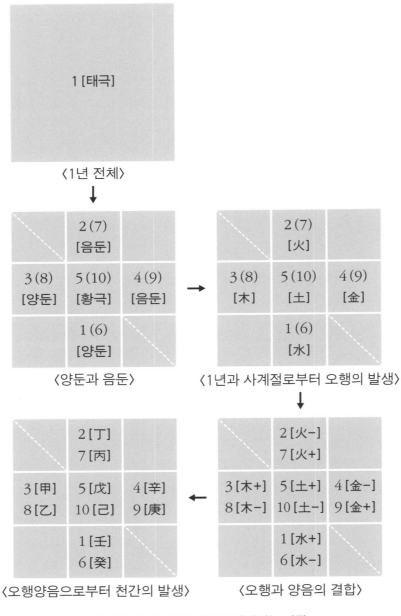

[그림7] 하도로부터 천간이 생성되는 과정

이다. 이것의 강력한 증거가 한자 五行 중 '行'의 갑골문자이다. '行'의 갑골문자
는 [그림8]처럼 동서남북의 형태로 이루어져 있다.

[그림8] 동서남북으로 이루어진 行의 갑골문

낙서는 일주운동을 하는 태양에 의해서 발생하는 시진별 공기[天道]와 흙[地
道]의 온도(溫度)를 구궁(九宮)으로 이루어진 정사각형에 3과 2의 거듭제곱으
로 표시한 그림글이다. 다시 말해서, 낙서는 지구의 자전에 의해서 발생하는 태
양열(太陽熱)이 시진별로 천지(天地)에 담겨진 정도를 천수(天數, 홀수)와 지수
(地數, 짝수)로 표시한 도표이다.

[그림9]처럼 낙서는 정사각형의 가운데에서 마름모꼴을 형성하는 궁들에 〈자
시(子時), 묘시(卯時), 오시(午時), 유시(酉時)〉별 공기가 뜨거운 정도를 3의 거

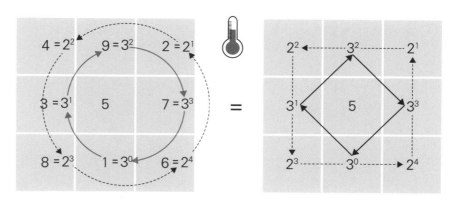

[그림9] 지구의 자전으로부터 발생하는 태양열을 표시한 낙서

간지가 시공간을 표시하는 원리

듭제곱으로 표시하였다. 또한 낙서는 정사각형의 가장자리에 위치한 궁들에 〈축시(丑時)와 인시(寅時), 진시(辰時)와 사시(巳時), 미시(未時)와 신시(申時), 술시(戌時)와 해시(亥時)〉별 흙이 차가운 정도를 2의 거듭제곱으로 표시하였다.

낙서에 적용되는 시간단위인 십이시진(十二時辰)도 두병소지로 측정된다. 역으로 두병소지로 측정되는 시진과 시진이 모인 일(日)은 낙서에 대응된다. 따라서 두병소지의 좌표단위인 간지 중 땅을 담당하는 지지는 동일한 지도(地道)에 해당하는 낙서로부터 생성된다. 이런 이유로 인해서, '낙서지지(洛書地支)'라는 단어도 사용된다.

지구의 자전에 의해서 발생하는 시간 단위인 시진은 태양과 관찰자의 상대적 위치로 규정된다. 이처럼 자전하는 땅 위의 관찰자가 참여하는 시진으로 이루어진 사주팔자의 일주와 시주를 지반으로 지칭한다. 또한 시진별 태양열을 표시한 낙서는 지도에 해당한다.

낙서로부터 발생한 지지가 꼭 12개인 이유는, 십천간(十天干)처럼 두병소지의 독특한 시간 설정법에서 기인한다. 두병소지에서 각 달의 시작점은 밤하늘에서 달빛이 없는 음력(陰曆)의 초하룻날[삭일(朔日)]이 된다. 지구가 한 번 공전하는 1년 동안 달은 거의 12번 지구 주위를 공전하므로, 지구에서 바라볼 때 달과 태양이 같은 방향에 위치하는 합삭일(合朔日)도 12번 발생한다. 따라서 두병소지 좌표법도 12개의 회전각으로 이루어진 회전좌표를 갖는다. 이것이 바로 12개의 지지가 된 것이다.

지금까지 탐구한 하도천간과 낙서지지는 『삼명통회(三命通會)』「논십이지명자지의(論十二支名字之義)」에서도 다음처럼 밝히고 있다.

"진단(陳摶)이 말하기를, 천간이 甲에서 시작하여 癸에서 끝나는 것이 하도의 생성지수(生成之數)이고, 지지가 子에서 시작하여 亥에서 끝나는 것이 낙서의 기우지수(奇偶之數)이다."

"陳摶曰：天干始於甲而終於癸, 河圖生成之數也. 地支始於子而終於亥, 洛書奇偶之數也."

『삼명통회』는 16세기 중반에 명(明)나라의 만민영(萬民英)이 지은 명리학(命理學)의 백과사전으로서, 고법(古法)명리학인 삼명학(三命學)과 신법(新法)명리학인 자평학(子平學)의 거의 모든 이론을 집대성하였다.

하도낙서와 두병소지에 대한 더 상세한 내용은, 필자의 전작인『하도낙서의 과학적 탐구』와『자미두수의 과학적 탐구』에 실려 있다.

2
십이지지의 이중적 속성

낙서에 사용되는 십이시진은 두병소지[북두칠성의 자루가 가리키는 방향]로 측정된다. 십이시진은 [그림10]처럼 반시계방향으로 도는 두병소지의 일주운동을 12등분한 회전좌표이다. 이런 12등분은 매달 음력 초하룻날의 戌時에 발생하는 두병소지로부터 생성된다.

북쪽하늘에서 보이는 두병소지의 일주운동은 좌우거울대칭을 통해서 남쪽 하늘에서 보이는 태양의 일주운동으로 대응된다. 좌우거울대칭은 왼쪽과 오른쪽을 서로 바꾸므로, 회전방향이 반대가 된다. 따라서 반시계방향으로 도는 두병소지의 일주운동은 시계방향으로 도는 태양의 일주운동으로 대응된다.

낙서는 지구의 자전에 의해서 발생하는 태양열이 시진별로 천지에 담겨진 정도를 천수와 지수로 표시한 도표이다. 낙서에 적용되는 십이시진은 두병소지로 측정된 십이시진이 좌우거울대칭으로 옮겨진 것이다. 결과적으로 낙서로부터 생성되는 십이지지는 두병소지로 측정된 십이시진이 좌우거울대칭으로 옮겨진 것이다. 따라서 두병소지의 특성이 십이지지의 정체가 된다.

두병소지는 매달 음력 초하룻날의 초저녁[戌時]을 시작점으로 삼는다. 다시 말해서, 달이 안 보이는 삭일(朔日)의 戌時에 북두칠성의 자루가 가리키는 방향이 월건(月建 : 간지로 표시된 월)의 지지가 된다. 또한 시진은 월건이 정해지는 戌時를 기준점으로 삼아서 두병소지의 회전각에 따라 순차적으로 매겨진다. 결과적으로 두병소지의 주축은 지구의 공전에 의해서 발생하는 월건이고, 지구의 자전에 의해서 발생하는 시진은 월건에 종속된다. 따라서 두병소지의 본질은 지구의 공전에 의해서 발생하는 천도가 된다.

지금까지 살펴본 것처럼, 두병소지는 천도를 지리좌표계로 표시한 것이다. 따라서 십이지지는 천도를 지리좌표계로 표시했다는 두병소지의 특성을 내재(內在)한 상태에서 회전방향만 순행(順行 : 시계방향)이 된다. 다시 정리하면, 십이

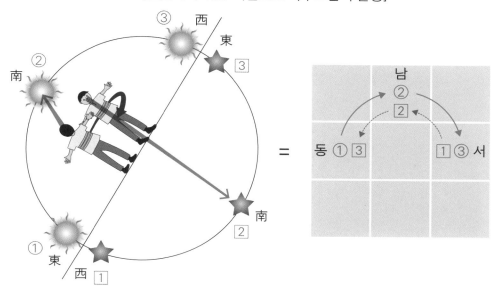

[관찰자의 180° 회전으로 좌우교환이 발생]

[좌우거울대칭으로 생성된 12지지좌표계]

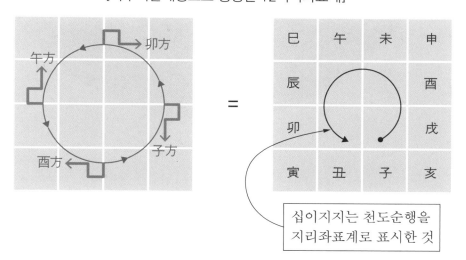

십이지지는 천도순행을
지리좌표계로 표시한 것

[그림10] 십이지지의 이중적 속성

지지의 정체는 천도순행(天道順行)을 지리좌표계로 표시한 이중적(二重的) 좌표계이다.

　음력 초하룻날의 초저녁에 두병소지로 월건을 정할 때는 반드시 남쪽 하늘의

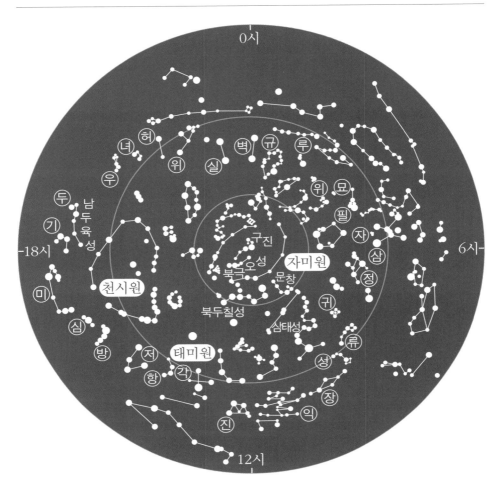

[그림11] 28수

이십팔수(二十八宿)를 기준점으로 삼는다. 특히 태양력인 절기력(節氣曆)에 근접하도록 태음력(太陰曆, 음력)의 월건을 두병소지로 설정하기 위해서는 반드시 이십팔수가 필요하다. 또한 이십팔수를 사용하여 음력의 윤달을 설정할 수 있다.

현대에 사용하는 신법명리학(新法命理學)은 절기력을 사용하지만, 초기 형태의 명리학인 고법명리학(古法命理學)에서는 절기력에 종속된 태음력을 사용하였다. 따라서 고법명리학부터 사용된 간지는 태음력으로 월건을 정하는 두병소지의 좌표단위가 된 것이다. 신법명리학은 두병소지를 참조하여 이십팔수로 절기를 설정한 것이다.

참고로 고법명리학은 년주(年柱)를 중심으로 년간을 록(祿), 년지를 명(命), 년주의 납음오행을 신(身)으로 설정하였다. 또한 고법명리는 간지 사이의 오행보다 납음오행의 생극(生剋)과 신살(神殺)을 위주로 천명(天命)을 해석하였다.

이십팔수(二十八宿)는 달의 위치 변화를 기준으로 천구의 적도(赤道) 부근에 있는 별들을 28개의 구역으로 분할한 별자리이다. [그림11]에서 ㉔처럼 원으로 둘러싸인 글자가 이십팔수이다.

이십팔수는 달이 천구 상의 어떤 항성(恒星)의 위치를 기준으로 약 27.3일[항성월(恒星月)]에 걸쳐 한 바퀴 도는 것과 일치하도록 천구의 적도를 28개로 분할하여 각각의 분획에 항성(恒星)을 지정한 시공간좌표계이다. 따라서 이십팔수는 적도좌표계가 되므로, 주로 〈日·月·五星〉의 운동을 기술할 때 사용된다.

이십팔수를 동서남북으로 각각 7개씩 묶은 단위는 〈동방7사(東方七舍)·북방7사(北方七舍)·서방7사(西方七舍)·남방7사(南方七舍)〉 또는 〈동방7수(東方七宿)·북방7수(北方七宿)·서방7수(西方七宿)·남방7수(南方七宿)〉라고 불린다. 이런 네 방위의 7사에 속하는 별은 [그림12]에 제시되었다. [그림12]를 문장으로 더 풀어서 설명하면, 다음과 같다.

① 동방7사

동방의 신령(神靈)인 청룡(靑龍)이 관장한다. 춘분날 초저녁에 동쪽의 지평선 위로 떠오르는 각수(角宿)를 선두(先頭)로 삼아서 밤이 깊어짐에 따라 동쪽의 지평선 위로 〈항(亢)·저(氐)·방(房)·심(心)·미(尾)·기(箕)〉가 차례로 떠오른다. 이처럼 동방7사는 〈각·항·저·방·심·미·기〉로 짜인다. 네 방위를 맡은 신(神)인 사신(四神) 중에서 동방의 신령인 청룡은 창룡(蒼龍)이라고 불리기도 한다.

② 북방7사

북방의 신령인 현무(玄武)가 관장한다. 하짓날 초저녁에 동쪽의 지평선 위로 떠오르는 두수(斗宿)를 선두로 삼아서 밤이 깊어짐에 따라 동쪽의 지평선 위로

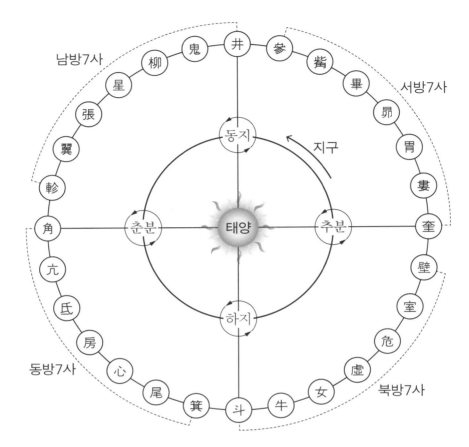

[그림12] 네 방위의 7사로 나누어진 28수

〈우(牛)·여(女)·허(虛)·위(危)·실(室)·벽(壁)〉이 차례로 떠오른다. 이처럼 북방7사는 〈두·우·여·허·위·실·벽〉으로 짜인다.

③ 서방7사

서방의 신령인 백호(白虎)가 관장한다. 추분날 초저녁에 동쪽의 지평선 위로 떠오르는 규수(奎宿)를 선두로 삼아서 밤이 깊어짐에 따라 동쪽의 지평선 위로 〈루(婁)·위(胃)·묘(昴)·필(畢)·자(觜)·삼(參)〉이 차례로 떠오른다. 이처럼 서방7사는 〈규·루·위·묘·필·자·삼〉으로 짜인다.

④ 남방7사

남방의 신령인 주작(朱雀)이 관장한다. 동짓날 초저녁에 동쪽의 지평선 위로 떠오르는 정수(井宿)를 선두로 삼아서 밤이 깊어짐에 따라 동쪽의 지평선 위로 〈귀(鬼)·유(柳)·성(星)·장(張)·익(翼)·진(軫)〉이 차례로 떠오른다. 이처럼 남방7사는 〈정·귀·유·성·장·익·진〉으로 짜인다.

고대의 중국에서 두병소지와 이십팔수가 동시에 사용되었음을 증명하는 유물과 사료(史料)가 상당수 존재한다. 이런 유물 중 하나로서 1978년 후베이성(湖北省)의 수현(隨縣)에 위치한 증후을묘(曾侯乙墓)에서 출토된 칠기상자뚜껑에는 두병소지와 이십팔수가 새겨져 있다. 증후을묘는 전국시대 초기인 기원전 433년 무렵에 증(曾)나라 제후의 무덤으로 추정된다. 또한 사료 중 하나로서 전한(前漢)의 원제(元帝 : 재위 기원전 49년~33년) 시대에 대덕(戴德)이 편찬한 책인 『대대예기(大戴禮記)』「하소정(夏小正)」에 다음의 구절이 존재한다.

"1월 초저녁에 삼수(參宿)는 남중(南中)하고, 북두칠성의 자루는 아래쪽에 걸려 있다. 6월 초저녁에 북두칠성의 자루는 똑바로 위쪽에 있다."

"正月初昏參中, 斗柄懸于下. 六月初昏, 斗柄正在上."

3
낙서의 회전관성으로 생성되는 십이지지

낙서에 사용되는 십이시진은, 음력의 초하룻날 술시에 관찰되는 두병소지로부터 유래하였다. 지구가 한 번 공전하는 1년 동안 달은 거의 12번 지구 주위를 공전하므로, 지구에서 바라볼 때 달과 태양이 같은 방향에 위치하는 합삭일도 12번 발생한다. 따라서 두병소지는 12개의 회전각으로 이루어진 회전좌표를 갖는다. 이런 12개의 회전각이 낙서의 회전관성(rotational inertia, 回轉慣性)에 대응되어 12개의 지지로 이루어진 좌표단위로 재탄생된다.

회전관성은 물체의 회전 운동에 대한 관성의 크기를 나타내는 양이다. 다시 말해서, 회전관성은 회전하는 물체가 외부로부터 힘을 받지 않고도 회전하는 상태를 지속하려는 성질이다.

회전관성을 구하는 공식은 $\langle I = m \times r^2 \rangle$이다. I는 inertia의 첫 번째 글자로서 회전관성이다. m은 mass의 첫 번째 글자로서 질량이고, r은 radius의 첫 번째 글자로서 반지름이다.

회전관성[$I = m \times r^2$]에서 핵심은, 회전할 때 느끼는 질량(m)은 원래의 질량에 반지름(r)의 제곱을 곱한 만큼이 된다는 것이다. 다시 말해서, 회전운동에서는 같은 질량이라도 중심에서 거리가 멀어질수록 질량이 더 크다고 느껴진다. 단순히 느껴지는 것이 아니라 실제로 더 큰 힘이 필요하다. 이를 '회전관성' 또는 '회전관성량' 이라고 부른다.

하도는 지구의 공전을 수리(數理)로 표현한 것이다. 반면에 낙서는 지구의 자전을 수리로 표현한 것이다. 지구가 공전과 자전을 한다는 것은, 모두 회전운동을 하고 있음을 의미한다. 따라서 공전하는 지구와 자전하는 지구가 갖는 회전관성은 원운동을 하는 지구의 관성을 표시해준다.

하도는 관찰자의 입장을 고려하지 않고 오로지 지구 공전에 의한 태양의 일주운동 궤적이 갖는 고도를 표시한 것이다. 반면에 낙서는 자전하는 지구 위 관찰자의 입장에서 공기의 열기[天溫]와 땅의 한기[地寒]를 함께 표시해 주었다는 차

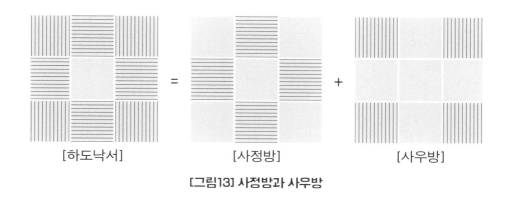

[하도낙서]　　　　　[사정방]　　　　　[사우방]

[그림13] 사정방과 사우방

이가 있다. 따라서 하도는 사정방(四正方)에만 숫자를 채우나, 낙서는 사정방과 더불어 하도에서는 숫자가 채워지지 않았던 사우방(四隅方)까지 지수를 채운다.

　사정방은 [그림13]처럼 9개의 궁으로 이루어진 정사각형의 각 변의 가운데에 위치한 4개의 궁을 통틀어 일컫는 용어이다. 사우방은 9개의 궁으로 이루어진 정사각형에서 각 변의 가장자리에 위치한 4개의 궁을 통틀어 일컫는 용어이다.

　하도로부터 생성된 십천간은 시간의 몸체로서 움직이는 성(星)이 된다. 움직이는 십천간이 들어가서 운용되는 공간인 십이지지는 낙서에서 생성된다. 왜냐하면, 하도는 시간이 발생하는 천도이고 낙서는 시간이 운용되는 공간에 해당하는 지도이기 때문이다. 일반적으로 사용되는 '천문역법(天文曆法)'처럼 시간은 천문[천도]에서 발생하고, 시간이 운용되는 공간은 지리[지도]가 된다.

　일반적으로 시간의 몸체인 천간이 열 개이면, 시간이 운용되는 공간인 지지도 일대일 대응으로 열 개가 될 것이다. 그러나 지지는 천간보다 두 개가 더 많은 12개가 된다. 왜냐하면, 천간이 생성되는 하도는 사정방에만 하도수가 존재하는 반면에 지지가 생성되는 낙서는 사정방뿐만 아니라 사우방에도 숫자가 존재하기 때문이다. 이런 차이는 회전관성을 통해서 다음처럼 명확하게 드러난다.

　하도의 회전관성을 계산하기 위해서 [그림14]처럼 반지름(r)을 1로 놓으면, 하도수가 질량(m)이 된다. 천도를 상징하는 하도수가 질량이 되는 것은, 하도수가 시간의 크기 즉, 시간질량이 된다는 의미이다.

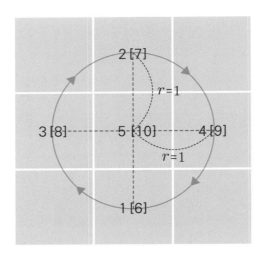

[그림14] 하도의 회전관성

하도의 회전관성을 계산할 때는 사정방에 위치한 하도의 생수(生數)만을 사용한다. 왜냐하면, 하도에서 생수는 겉으로 드러나는 반면에 성수(成數)는 생수에 거울대칭으로 속에 숨겨진 상태이기 때문이다. 하도에서 생수는 천도를 표시한 것이고, 성수는 천도에 거울대칭이 되는 지도이다.

하도의 생수는 오행을 생성하는 숫자로서 자연수 〈1·2·3·4·5〉이다. 또한 하도의 성수는 오행을 완성하는 숫자로서 자연수 〈6·7·8·9·10〉이다.

반지름(r)이 모두 1이면, 하도의 생수가 질량(m)이 된다.

$I = m \times r^2 = (1 \times 1^2) + (3 \times 1^2) + (2 \times 1^2) + (4 \times 1^2) + (5 \times 0^2)$

  $= 1 + 3 + 2 + 4 + 0$

  $= 10 [天干]$

낙서의 회전관성을 계산하기 위해서 [그림15]처럼 사정방에 위치한 천수들의 반지름을 1을 놓으면, 사우방에 위치한 지수들의 반지름은 $\sqrt{2}$ 가 된다. 하도의 회전관성처럼 낙서수(洛書數 : 낙서를 구성하는 숫자)도 질량이 된다.

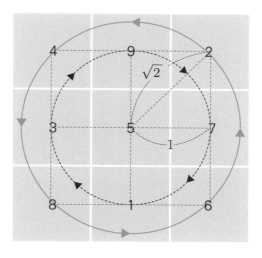

[그림15] 낙서의 회전관성

겉에 드러난 생수로 대표되는 하도와 달리 낙서에서는 사정방에 위치한 천수는 공기의 열기로 사용되고, 사우방에 위치한 지수는 땅의 한기로 사용되기 때문에 모든 숫자로 회전관성을 구해야 한다. 단, 낙서는 시계방향으로 회전운동을 하는 천수와 반시계방향으로 회전운동을 하는 지수의 회전관성을 각각 구해야 한다.

천수의 반지름은 1이면, 지수의 반지름은 $\sqrt{2}$가 된다. 또한 낙서수는 질량이 된다.

[천수의 회전관성]

$= (1 \times 1^2) + (3 \times 1^2) + (9 \times 1^2) + (7 \times 1^2) + (5 \times 0^2) = (1+3+9+7) \times 1^2 = 20$

[지수의 회전관성]

$= (2 \times (\sqrt{2})^2) + (4 \times (\sqrt{2})^2) + (6 \times (\sqrt{2})^2) + (8 \times (\sqrt{2})^2) + (10 \times 0^2)$

$= (2+4+6+8) \times (\sqrt{2})^2 = 20 \times 2 = 40$

$\therefore$ 천수의 회전관성+지수의 회전관성 = 20+40 = 60(甲子)

$I_{天數} = 1 \times 20$

$I_{地數} = 2 \times 20$

$I_{天數} : I_{地數} = 1 \times 20 : 2 \times 20$

$\therefore I_{天數} : I_{地數} = 20 : 40 = 1 : 2$

위의 계산처럼 천수의 회전관성인 20이 사정방에 들어가고, 지수의 회전관성
인 40이 사우방에 들어간다. 결과적으로 천수와 지수의 회전관성 비율은 [1:2]
가 된다. 따라서 [그림16]처럼 낙서의 사정방에 하나의 지지가 배정되고, 사우
방에 두 개의 지지가 배정된다.

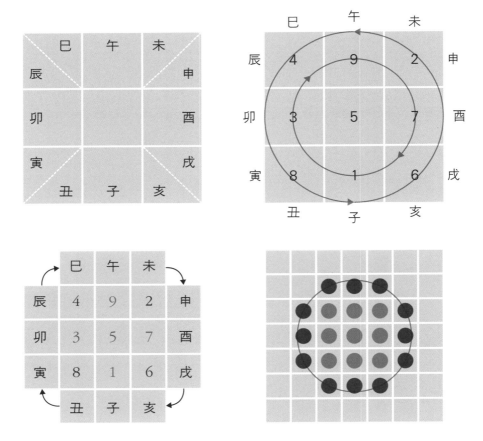

[그림16] 낙서에서 십이지지의 배치

낙서의 회전관성 60을 십이지지에 균등하게 분배하면, 각각의 지지는 5의 회전관성을 갖는다. 각 지지가 갖는 5만큼의 회전관성은, [그림17]처럼 子부터 시작하는 양(陽)의 지지에는 양간(陽干 : 양의 천간) 5개가 들어가고, 丑부터 시작하는 음(陰)의 지지에 음간(陰干 : 음의 천간) 5개가 들어감을 의미한다. 양의 지지는 子부터 순서번호를 매길 때 홀수 번째인 지지를 의미하고, 음의 지지는 순서번호가 짝수 번째인 지지를 의미한다.

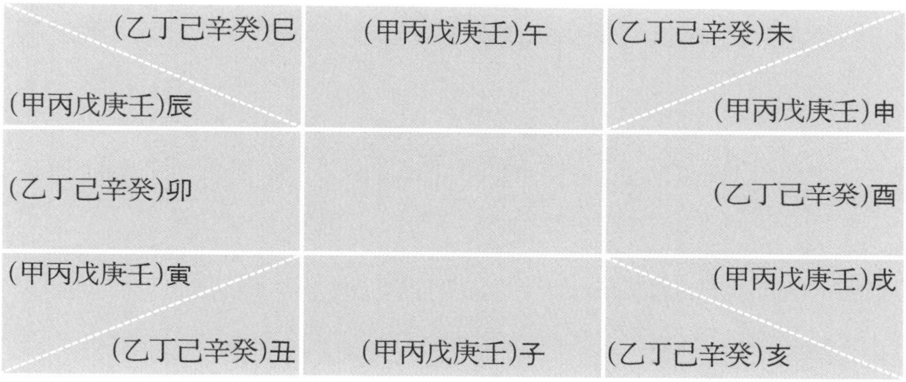

(乙丁己辛癸)巳	(甲丙戊庚壬)午	(乙丁己辛癸)未
(甲丙戊庚壬)辰		(甲丙戊庚壬)申
(乙丁己辛癸)卯		(乙丁己辛癸)酉
(甲丙戊庚壬)寅		(甲丙戊庚壬)戌
(乙丁己辛癸)丑	(甲丙戊庚壬)子	(乙丁己辛癸)亥

[그림17] 십이지지궁에 배치된 십천간

[그림18]처럼 5개의 양간을 각각의 양의 지지에 상하로 결합시키고 5개의 음간을 각각의 음의 지지에 상하로 결합시키면, 완성된 육십갑자가 생성된다. 천간은 하도에서 생성되고 지지는 낙서에서 생성되므로, 천간과 지지가 상하로 결합된 육십갑자는 하도낙서로부터 도출된 것이다.

낙서의 회전관성인 60은 세기성질(intensive property)을 이용하여 낙서수의 총합(總合)으로도 도출될 수 있다. 세기성질은 역학의 기초개념이다. 세기성질은 하도낙서와 팔괘(八卦)뿐만 아니라, 사주명리학을 비롯한 모든 술수(術數 : 역술)에 나오는 기초개념이다. 따라서 세기성질에 대해서 더 자세히 알아본다.
물리적 성질(物理的性質)은 크기성질(extensive property)과 세기성질로 나누어진다. 크기성질은 물질의 양이나 계(系, system)의 크기에 비례하는 성질이

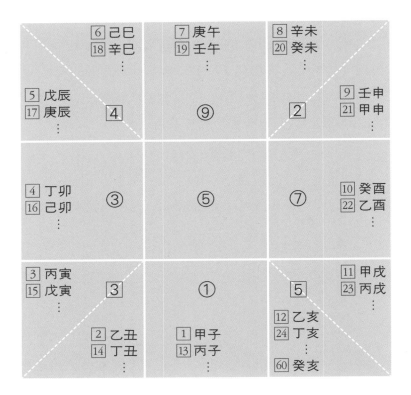

[그림18] 하도낙서부터 생성된 육십갑자

고, 세기성질은 물질의 양이나 계의 크기에 관계가 없는 성질이다. 여기에서 '계'는 관심의 대상으로서 에너지와 물질이 담긴 공간 또는 집합으로서 '주위(周圍, surrounding)'와 합해져서 '우주(宇宙, universe)'를 이룬다.

크기성질에 속하는 물리량으로는 질량, 부피, 무게, 길이 등이 있으며, 세기성질에 속하는 물리량으로는 온도, 밀도, 농도, 압력 등이 있다. 크기성질은 크기변수(extensive variable) 또는 시량변수(示量變數)라는 용어로 지칭되기도 하고, 세기성질은 세기변수(intensive variable) 또는 시강변수(示强變數)라는 용어로 지칭되기도 한다.

크기성질과 세기성질은 전체값과 부분값으로 설명하면, 다음과 같다. 크기성질은 [그림19]처럼 부분값의 합이 전체값이 되고, 세기성질은 [그림20]처럼 부분값과 전체값은 동일하다.

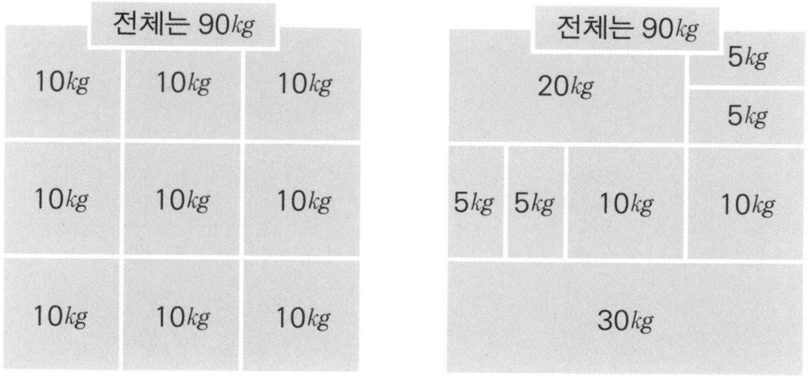

[그림19] 크기성질

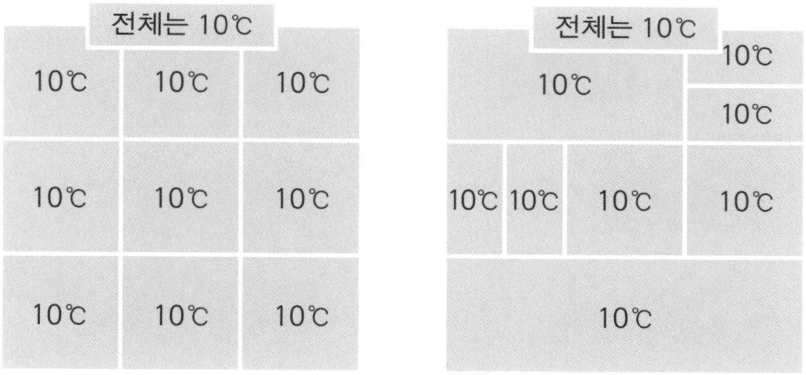

[그림20] 세기성질

낙서의 중궁(中宮)은 [그림21]의 두 번째 그림처럼 4개의 하위공간으로 나누어진다. 4개의 하위 공간 중 2개는 사정방을 규정하는 x축 공간과 y축 공간의 중궁이고, 나머지 2개는 사우방을 규정하는 z축 공간과 u축 공간의 중궁이다.

낙서의 중궁에 들어있는 5가 온도와 같은 세기성질이 되므로, 중궁의 하위 공간 4개에도 모두 5가 담겨진다. 따라서 [그림21]의 4번째 그림처럼 사정방을 규정하는 x축 공간과 y축 공간에 들어있는 낙서수의 합은 각각 [3+5+7 = 15], [1+5+9 = 15]가 된다. 또한 사우방을 규정하는 z축 공간과 u축 공간에 들어있는 낙서수의 합은 각각 [2+5+8 = 15], [4+5+6 = 15]가 된다.

간지가 시공간을 표시하는 원리

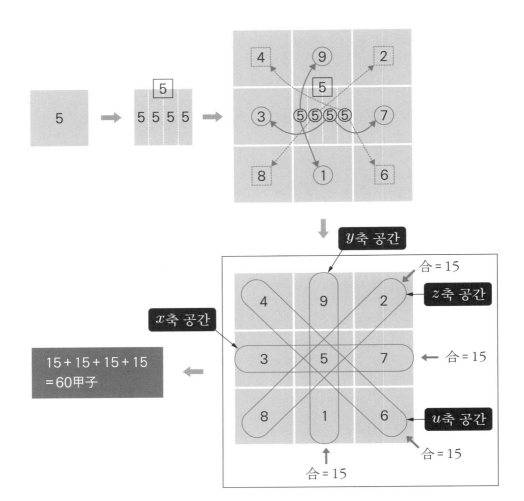

[그림21] 낙서수의 총합인 육십갑자

　지금까지 살펴본 것처럼 낙서를 구성하는 사정방과 사우방의 좌표축에 담겨진 낙서수를 모두 더하면, 〈[천도+지도] = [사정방+사우방] = [(x축 공간+y축 공간)+(z축 공간+u축 공간)] = [(15+15)+(15+15)] = 60〉이 된다.

　역학의 기초개념으로 사용되는 세기성질에 대한 더 상세한 내용은, 필자의 전작인 『하도낙서의 과학적 탐구』와 『팔괘의 과학적 탐구』에 실려 있다.

4
공시간과 시공간으로 기능하는 십이지지

십이지지는 공시간(空時間 = space-time)과 시공간(時空間 = time-space)의 기능을 모두 갖는다. 역학은 주로 공간의 물리적 단위로 양음(陽陰)을 사용하고, 시간의 물리적 단위로 오행을 사용한다. 따라서 공시간은 양음의 큰 주머니 안에 오행이 존재하는 포함관계이고, 반면에 시공간은 오행의 큰 주머니 안에 양음이 존재하는 포함관계이다.

공간과 시간 중에서 공간이 시간보다 먼저 존재한다. 이런 공리는 '시간'의 정의(定義)에서 도출된다. 시간은 단일(單一)한 공간 안에서 각 지역별 태양에너지의 차이를 표시하는 물리량이다.

우주에서 지구를 바라보면, 지구는 하나의 공간일지라도 지구의 내부는 태양빛이 비치는 곳과 비치지 않는 곳으로 나누어진다. 또한 태양빛이 비치는 곳도 태양빛의 입사각에 따라서 태양빛의 세기가 강한 곳과 약한 곳으로 더 세분화된다. 이처럼 비록 외부에서 보기에는 단일한 공간일지라도 태양빛과 같은 특정한 기준에 의해서 내부가 차별적인 상태가 되는 것을 표시하기 위해서 '시간'이라는 물리량이 도입되었다.

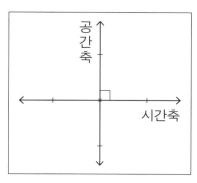

[직교하는 공간축과 시간축]

[그림22] 독립적 관계인 공간과 시간

지금까지 살펴본 시간의 정의에 의해서, 공간이 먼저 존재한 후에 시간이 발생한다. 역학에서 공간은 수직적 상하운동인 양음으로 구성되고, 시간은 수평적 회전운동인 오행으로 구성된다. 이처럼 역학은 경(經, 세로)인 공간을 체(體)로 삼고, 위(緯, 가로)인 시간을 용(用)으로 삼는다. 따라서 [그림22]처럼 공간과 시간은 서로 독립적인 관계가 된다.

공간축과 시간축이 서로 직교하므로, [그림23]처럼 공간이 고정된 상황에서 시간대칭이 발생하고 다시 시간이 고정된 상황에서 공간대칭이 발생한다. 시간대칭이 발생하면, 반드시 공간대칭이 발생해야 된다. 만약 시간대칭이 발생한 후다시 시간대칭이 발생하면, 본래의 위치로 돌아와서 변화가 발생하지 않는다. 이처럼 시간대칭과 공간대칭이 교대로 발생되는 것을 통해서 공간 안에서 시간의 변화가 발생하고 시간 안에서 공간의 변화가 발생하는 것을 직관할 수 있다.

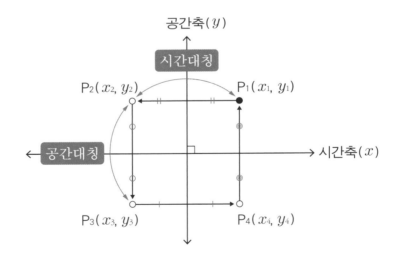

[그림23] 교대로 발생하는 시간대칭과 공간대칭

시간과 공간의 대칭변환(對稱變換)을 통해서 시간과 공간이 교차로 발생하는 것을 오행과 양음으로 확대시키면, [그림24]처럼 공간과 시간의 교차적(交叉的) 계층구조(階層構造)가 된다.

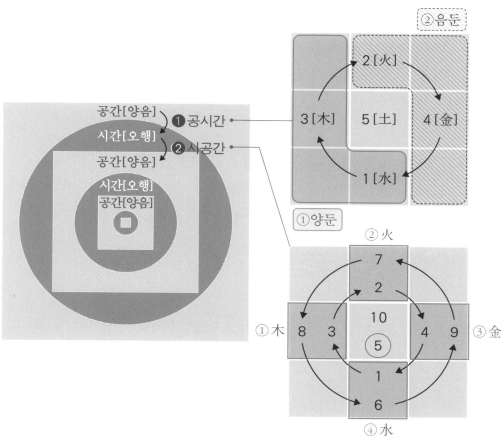

[그림24] 교대로 발생하는 공간과 시간

　[그림24]에 보이듯이, 역학에서 공간[양음]이 먼저 존재하고 그 공간 안에 시간[오행]이 존재한다. 또한 시간 안에 공간이 담겨져서 존재한다. 다시 말해서, 공시간이 먼저 존재하고 그 안에 시공간이 존재하게 된다. 또한 이런 현상이 무한히 반복되면서 공시간과 시공간으로 이루어진 프랙탈(fractal) 구조를 형성한다.

　프랙탈 구조는 부분이 전체와 똑같은 형태로 끝없이 되풀이 되는 구조이다. 다시 말해서, 프랙탈 구조는 〈자기닮음 계층구조(self-similar hierarchy)〉이다.

　[그림24]의 오른쪽 상단은 하도의 생수에서 공시간이 먼저 발생하는 것을 보여주고, 오른쪽 하단은 하도의 생수와 성수에서 시공간이 두 번째로 발생하는 것을 보여준다. 하도에서 공시간과 시공간이 발생하는 것을 지금부터 더 자세히 탐구한다.

[그림25]의 상단처럼 하도의 생수는 태양의 일주운동 궤적이 양둔[동지와 춘분]에서 상승하고 음둔[하지와 추분]에서 하강하는 정도를 각각 천수와 지수로 표시하였다. 이처럼 하도의 생수는 처음에는 태양의 상하운동을 표시한 양음의 공간으로 나누어진다.

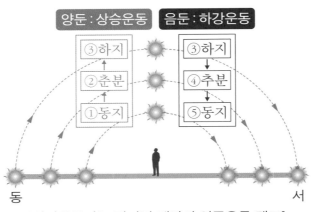

[상하운동하는 절기별 태양의 일주운동 궤도]

두병소지를 통해서 상하운동을 회전운동으로 표현

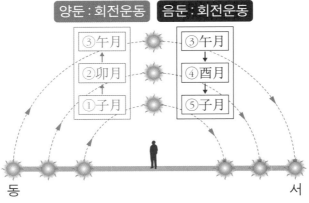

[회전운동으로 표시된 태양궤도의 상하운동]

[그림25] 두병소지를 통한 공시간의 생성

지구의 공전을 지구의 자전에 의한 지리좌표계로 표시하는 두병소지에 의해서 [그림25]의 하단처럼 양둔과 음둔에서 태양궤도의 상하운동은 두병소지의 회전운동으로 대체된다.

역학에서 수직적(垂直的) 개념인 상하운동은 공간을 표시하는 양음을 생성하고, 수평적(水平的) 개념인 회전운동은 시간을 표시하는 오행을 생성한다. 따라서 양둔과 음둔에서 태양궤도의 상하운동을 회전운동으로 대체하는 것은 양음의 공간 안에 시간인 오행을 생성시킨다는 의미이다. 결과적으로 지구의 공전으로 발생하는 태양의 상태변화를 지구의 자전효과에 대응시켜 표시함으로써, 공시간의 개념이 탄생하였다.

[그림25]에서 직관한 태양의 운동과 두병소지를 하도의 생수로 바꾸어 표현하면, [그림26]이 된다.

[그림26]에서 하도의 생수는 먼저 천수의 집합인 양둔과 지수의 집합인 음둔으로 나누어진다. 이런 현상은 양음의 공간이 먼저 존재한다는 것을 의미한다. 또한 두병소지의 시간설정법에 의해서 하도의 생수 중 양둔 공간에 水와 木이, 음둔 공간에 火와 金이 배정되고 중앙에 土가 배정된다. 다시 말해서, 하도의 생수는 먼저 양음의 공간으로 나누어진 후에 오행이 배정된다. 이런 과정은 역학에서 공시간이 먼저 생성됨을 보여준다.

[그림26]에서 보이는 (mod10)은 합동식(合同式)을 사용하여 10으로 나눈 나머지로 하도수를 표시한다는 수식이다.

합동식에 대해서 간략하게 소개한다. 두 정수(整數, integer) a와 b의 차가 정수 p의 배수일 때, a와 b는 법 p에 대해서 '합동'이라 부른다. 또한 이것을 $\langle a \equiv b(mod\ p)$ 또는 $a \equiv b(p)\rangle$의 식으로 표시하고, '합동식'이라고 부른다.

예컨대 $1 \equiv 10(mod\ 9)$은 1과 10은 법[모드] 9에 대해서 합동이라는 의미다. 또 다른 예로 $2 \equiv 11 \equiv 20 \equiv 29(mod\ 9)$에서 2, 11, 20, 29는 법 9에 대해서 합동이라는 의미다.

모드(mod)를 법이라고 하는 이유는, 모드에 따라 두 수가 합동이 될 수도 있고 안 될 수도 있기 때문이다. 예컨대 1에다 9를 아무리 많이 더하거나 빼도 7이

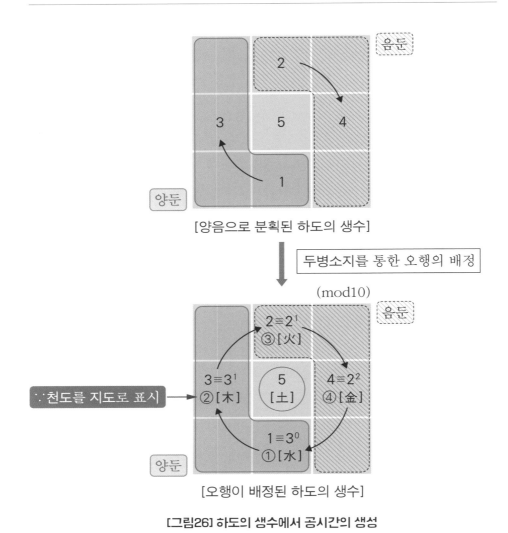

[그림26] 하도의 생수에서 공시간의 생성

될 수 없으므로, 1과 7은 법 9에 대해서 합동이 아니다. 이렇듯 모드는 합동이 되는 법을 만드는 역할을 하므로, 모드를 법이라고 부르게 되었다. 나눗셈에서 $a \equiv b(\bmod p)$의 실체를 해석하면, 정수 a와 b는 정수 p로 나누었을 때 나머지가 같다는 의미이다.

하도의 오행은 두병소지의 회전운동에 의해서 배정된 것이다. 두병소지는 두병이 가리키는 방향으로 월과 시를 정한다. 이처럼 두병소지는 공간인 방향으로 시간을 설정하는 독특한 방법이다. 특히, 오행은 사람이 가장 인지하기 쉬운 동서남북과 중앙이 합친 5개의 기본적인 방향이 시간단위가 된 것이다. 따라서 두 병소지로부터 탄생한 공시간은 [그림27]처럼 낙서를 둘러쌓는 바탕공간으로도 사용된다.

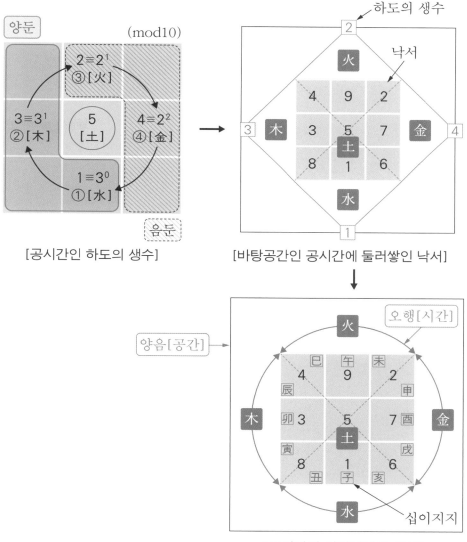

[공시간인 하도의 생수]

[바탕공간인 공시간에 둘러쌓인 낙서]

[공시간인 십이지지의 생성]

[그림27] 공시간인 십이지지의 생성과정

간지가 시공간을 표시하는 원리

공시간의 바탕공간에 담겨진 낙서에서 발생한 십이지지는 바탕공간의 속성을 따른다. 따라서 가장 큰 주머니인 양음이 십이지지의 출발점을 규정한다. 양음의 시작점은 양둔의 동지이다. 따라서 [그림28]처럼 子가 첫 번째 지지가 된다. 이어서 丑이 두 번째 지지가 된다. 이처럼 子부터 시작하는 지지의 순서가 홀수 번째인 지지는 양이 되고, 짝수 번째인 지지는 음이 된다.

[그림28]에서 공시간의 개념에 부합하도록 양음의 가장 큰 주머니 안에 오행이 담긴다. 이런 포함관계를 표현하기 위해서 양음의 부호(符號)인 (+)과 (−)의 다음에 오행을 두었다. 결과적으로 공시간으로 기능하는 십이지지는 양음오행의 부호에 대응한다. 예컨대 寅은 양의 주머니 안의 木이 되므로, '+木'의 부호가 된다.

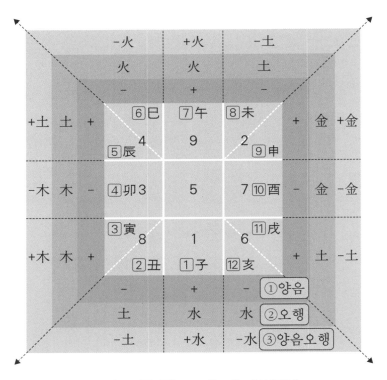

[그림28] 공시간으로 기능하는 십이지지

공시간으로 기능하는 십이지지의 양음 부호는 가장 큰 주머니인 공간이 생성된 양둔과 음둔에 부합하는 프랙탈 구조를 형성한다. [그림29]의 상단처럼 사정방에 위치한 양둔 공간의 〈子는 (+) → 卯는 (-)〉이고 음둔 공간의 〈午는 (+) → 酉는 (-)〉이다. 또한 사우방에 위치한 양둔 공간의 〈寅은 (+) → 巳는 (-)〉이고 음둔 공간의 〈申은 (+) → 亥는 (-)〉이다. 이처럼 사정방과 사우방에 위치한 지지의 부호는 모두 [그림29]의 하단처럼 전체 주머니인 양둔과 음둔에 부합하는 프랙탈 구조를 형성한다.

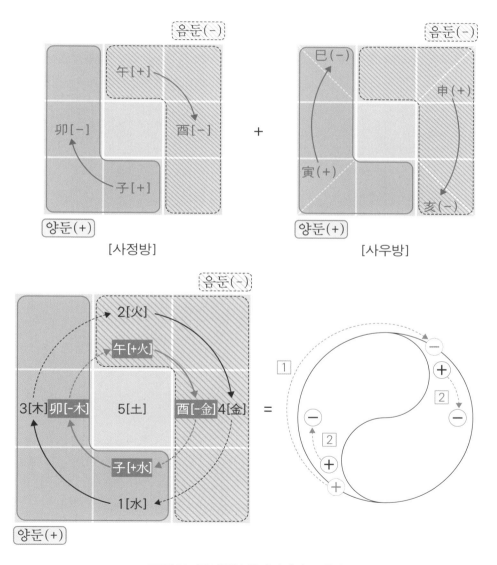

[그림29] 공시간인 십이지지의 프랙탈

간지가 시공간을 표시하는 원리

참고로 土는 오행에서 중앙의 역할을 하므로 土에 해당하는 지지는 다른 지지와 반대의 부호에 배정된다. 따라서 양둔 공간의 〈丑은 (−)→辰은 (+)〉이고 음둔 공간의 〈未는 (−)→戌은 (+)〉가 된다.

지금까지 살펴본 하도에서 공시간이 발생하는 과정에 이어서 시공간이 발생하는 과정을 다음처럼 더 자세히 탐구한다.

하도의 생수가 양둔과 음둔의 공간으로 나누어진 후에 오행이 배정되는 것은 공시간을 생성한다. 오행이 배정된 상황은 시간이 고정되는 것이다. 시간이 고정된 상황에서 공간의 변화만 발생할 수 있다. 공간의 변화는 대칭을 통해서 생성되는데, 이런 대칭을 공간대칭이라고 부른다.

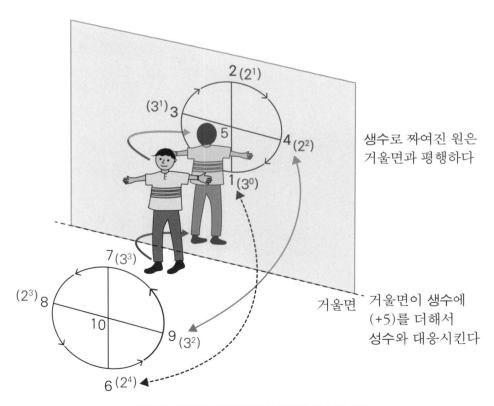

생수로 짜여진 원은 거울면과 평행하다

거울면

거울면이 생수에 (+5)를 더해서 성수와 대응시킨다

[그림30] 하도에서 거울대칭 관계인 생수와 성수

하도에서 생수에 +5를 더하면, 성수가 된다. 예컨대 水에 속하는 생수인 천수 1에 +5를 더하면, 같은 오행인 水에 속하는 지수 6이 된다. 또한 火에 속하는 생수인 지수 2에 +5를 더하면, 같은 오행인 火에 속하는 천수 7이 된다. 이처럼 +5를 더하는 연산(演算)은 시간단위인 오행은 고정시키면서 천수를 지수로, 지수를 천수로 전환시킨다. 이런 전환은 천지(天地)를 바꾸는 공간대칭에 해당한다. 특히, 시계방향으로 회전하는 천도인 생수를 반시계방향으로 회전하는 지도로 바꾸는 공간대칭은 [그림30]과 같은 거울대칭(mirror symmetry)에 해당한다.

하도의 생수에서 공시간이 생성된 후에, 다시 시간단위인 오행의 주머니 안에 거울대칭으로 천도와 지도의 공간이 생성된다. 다시 말해서, 하도에서 먼저 공시간이 생성되고, 이어서 시공간이 생성된다. [그림31]은 하도의 생수와 성수를 통한 시공간의 생성을 보여준다.

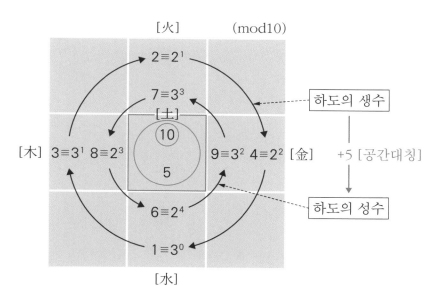

[그림31] 하도의 생수와 성수를 통한 시공간의 생성

참고로 생수에 5를 더해 생긴 성수가 생수와 같은 오행이 되는 이유는 5가 평균값이기 때문이다. 5가 하도수의 평균값이 되는 이유는 다음처럼 두 가지가 존재한다.

첫 번째 이유는, 하도에서 중궁의 5와 10을 제외한 나머지 자연수 〈1, 2, 3, 4, 6, 7, 8, 9〉의 평균이 5가 되기 때문이다. 〈$\frac{1+2+3+4+6+7+8+9}{8} = \frac{40}{8} = 5$〉이므로 중궁의 土를 제외한 나머지 오행에 위치하는 생수와 성수의 평균값은 5가 된다.

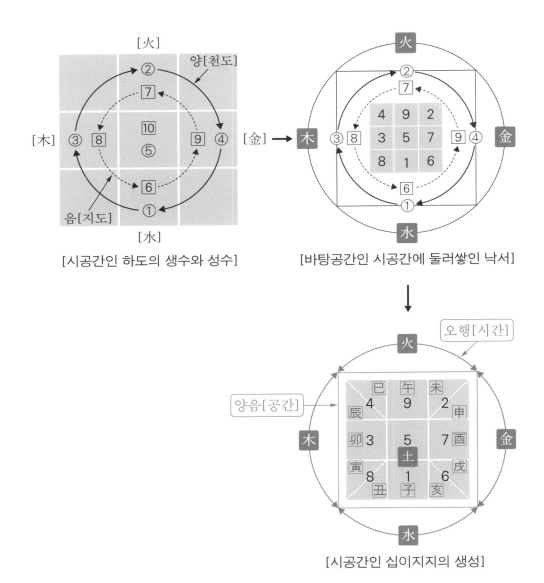

[그림32] 시공간인 십이지지의 생성과정

두 번째 이유는, 모든 하도수인 〈1, 2, 3, 4, 5, 6, 7, 8, 9, 10〉의 평균도 5가 되기 때문이다. 특히 중궁의 10은 〈10=5[天의 태극(太極)]+5[地의 태극]〉이 된다. 1부터 10까지의 자연수인 하도수의 개수는 10개가 아니라, 10이 5+5가 되는 까닭에 11개가 된다.

결과적으로 모든 하도수의 평균은 〈$\dfrac{1+2+3+4+5+6+7+8+9+(5+5)}{11} = \dfrac{55}{11} = 5$〉가 된다.

평균값은 덧셈의 0처럼 더해도 변화가 없어서 시간이 흐르지 않는다. 따라서 생수에 시간이 흐르지 않는 평균 5를 더하여 생긴 성수는 같은 오행이 된다. 결과적으로 〈1과 6, 2와 7, 3과 8, 4와 9, 5와 10〉은 같은 오행이 된다.

하도의 오행은 두병소지의 회전운동에 의해서 배정된 것이다. 두병소지는 두병이 가리키는 방향으로 월과 시를 정한다. 이처럼 두병소지는 공간인 방향으로 시간을 설정하는 독특한 방법이다. 특히, 오행은 사람이 가장 인지하기 쉬운 동서남북과 중앙이 합친 5개의 기본적인 방향이 시간단위가 된 것이다. 따라서 두병소지로부터 탄생한 시공간은 [그림32]처럼 낙서를 둘러쌓는 바탕공간으로도 사용된다.

시공간의 바탕공간에 담겨진 낙서에서 발생한 십이지지는 바탕공간의 속성을 따른다. 따라서 가장 큰 주머니인 오행이 십이지지의 출발점을 규정한다. 오행은 시간단위로서 천문역법으로부터 발생한다. 천문을 두병소지의 지리좌표계로 표시하면, 천문이 지리에 도착하는 시간이 필요하다. 따라서 공시간의 출발점 水의 다음 오행인 木이 시공간의 출발점이 된다. 결과적으로 시공간인 십이지지가 따르는 오행의 배치순서는 [그림33]처럼 사정방에 위치한 〈木→火→金→水〉가 되고, 土는 사우방으로 나머지 오행의 연결고리가 된다.

시공간인 지지의 부호는 〈오행→양음〉의 순서로 결정된다. 따라서 가장 큰 주머니인 오행 안에 포함된 첫 번째 지지가 (+)가 되고, 두 번째 지지가 (−)가 되며, 사우방에 속하는 마지막 지지가 연결고리인 土가 된다.

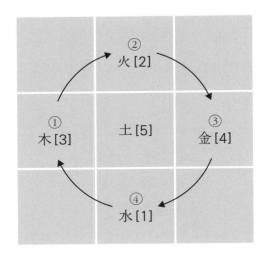

[그림33] 시공간인 십이지지에서 오행의 배치순서

[그림34]처럼 오행의 출발점인 木 안의 첫 번째 지지인 寅은 (+)이 되고, 두 번째 지지인 卯는 (−)이 되며, 세 번째 지지인 辰은 土가 된다. 여기에서 연결고리인 土의 양음은 전체 주머니인 오행의 순서수로 결정된다. [그림35]처럼 辰이 담겨진 전체 주머니인 木이 양수(陽數)인 첫 번째 오행이므로, 辰은 (+)이 된다.

두 번째 오행인 火 안의 첫 번째 지지인 巳는 (+)이 되고, 두 번째 지지인 午는 (−)이 되며, 세 번째 지지인 未는 土가 된다. [그림35]처럼 未가 담겨진 전체 주머니인 火가 음수(陰數)인 두 번째 오행이므로, 未는 (−)이 된다.

세 번째 오행인 金 안의 첫 번째 지지인 申은 (+)이 되고, 두 번째 지지인 酉는 (−)이 되며, 세 번째 지지인 戌은 土가 된다. [그림35]처럼 戌이 담겨진 전체 주머니인 金이 양수인 세 번째 오행이므로, 戌은 (+)이 된다.

네 번째 오행인 水 안의 첫 번째 지지인 亥는 (+)이 되고, 두 번째 지지인 子는 (−)이 되며, 세 번째 지지인 丑은 土가 된다. [그림35]처럼 丑이 담겨진 전체 주머니인 水가 음수인 네 번째 오행이므로, 丑은 (−)이 된다.

[그림34]에서 시공간의 개념에 부합하도록 오행의 가장 큰 주머니 안에 양음이 담긴다. 이런 포함관계를 표현하기 위해서 오행의 다음에 양음을 둔다. 결과

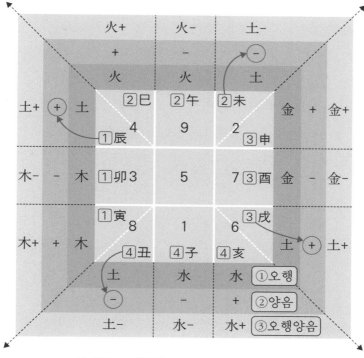

[그림34] 시공간으로 기능하는 십이지지

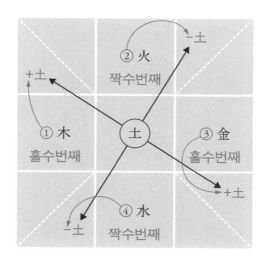

[그림35] 시공간의 십이지지에서 土의 양음 설정원리

간지가 시공간을 표시하는 원리

적으로 시공간으로 기능하는 십이지지는 오행양음의 부호에 대응한다. 예컨대 寅은 오행 木안의 첫 번째 순서가 되므로, '木+'의 부호가 된다.

시공간으로 기능하는 십이지지 중 土인 辰戌丑未를 제외한 나머지 지지들의 양음부호는 천도인 사정방과 지도인 사우방에 상보결합(相補結合)으로 묶인다. 상보결합은 서로의 존재를 발생시키는 상반적(相反的) 공생 관계인 한 쌍이 인력(引力)으로 결속된 상태를 의미한다. 음양(陰陽)결합은 상보결합의 일종(一種)이다.

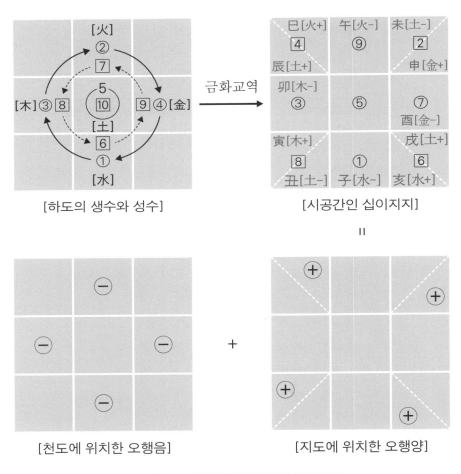

[그림36] 시공간인 십이지지의 상보결합

[그림36]처럼 시공간으로 기능하는 십이지지 중 음에 해당하는 〈子, 卯, 午, 酉〉는 천도인 사정방과 상보결합으로 묶여서 존재한다. 또한 양에 해당하는 〈寅, 巳, 申, 亥〉는 지도인 사우방과 상보결합으로 묶여서 존재한다. 이런 상보결합은 시공간으로 기능하는 십이지지를 안정화시킨다.

지금까지 탐구한 공시간으로 기능하는 십이지지와 시공간으로 기능하는 십이지지를 비교하면, [표1]처럼 압축된다. 이런 두 가지로 기능하는 십이지지 사이에서 火의 지지인 〈巳, 午〉와 水의 지지인 〈亥, 子〉에서만 차이점이 발생한다.

[표1] 공시간과 시공간인 십이지지의 비교

지지	子	丑	寅	卯	辰	巳	午	未	申	酉	戌	亥
공시간 [양음오행]	+水	-土	+木	-木	+土	-火	+火	-土	+金	-金	+土	-水
시공간 [오행양음]	水-	土-	木+	木-	土+	火+	火-	土-	金+	金-	土+	水+

〈巳, 午〉가 공시간으로 기능할 때는 각각 〈-火(음화), +火(양화)〉가 되지만, 시공간으로 기능할 때는 각각 〈火+(화양), 火-(화음)〉이 된다. 또한 〈亥, 子〉가 공시간으로 기능할 때는 각각 〈-水(음수), +水(양수)〉가 되지만, 시공간으로 기능할 때는 각각 〈水+(수양), 水-(수음)〉이 된다.

공시간으로 기능하는 십이지지는 공망(空亡)처럼 공간의 상태를 다루는 공간학(空間學)에서 주로 사용된다. 반면에 시공간으로 기능하는 십이지지는 천간의 통근(通根)처럼 오행을 대표하는 천간의 상태를 다루는 시간학(時間學)에서 주로 사용된다. 통근은 일간(日干)과 같은 천간이 지장간(地藏干 : 지지에 숨겨진 천간)에서 뿌리를 얻는 현상을 의미한다.

5
甲子가 간지의 처음인 이유

역학에서 사용되는 물리량은 모두 사람이 관측과 측정이 가능한 최종적인 천문현상(現狀)과 지리 현상만을 사용한다. 심지어 천문 현상도 두병소지와 같은 지리좌표계에 대응하여 표현한다. 따라서 역학의 물리량은 사람이 위치한 땅[地]을 주축인 궁으로 삼고, 하늘[天]을 땅에 종속된 성(星)으로 삼는다.

낙서는 전체의 틀이 되는 사우방에 지수를 담고, 전체의 틀에 담기는 사정방에 천수를 담는다. 역학에서 정사각형 모양의 사우방을 '지방(地方)'으로, 원(圓) 모양의 사정방을 '천원(天圓)'으로 부르기도 한다. 이런 낙서의 방원(方圓 : 지방과 천원)구조는 역학의 물리량이 지도 중심으로 정의되는 대표적인 사례가 된다.

천도를 지리좌표계에 대응하여 표시하는 방법은, 크게 궁성론(宮星論)과 공간대칭을 사용한다. 먼저 궁성론을 사용하는 방법을 다음처럼 자세히 살펴본다.

천도를 지리좌표계로 표시할 때 궁성론을 사용하는 방법은, [그림37]처럼 정사영(正射影, orthogonal projection)의 개념을 빌려온 것이다. 정사영은 3차원인 공간 안의 도형을 수직으로 평행한 직선들에 의하여 2차원인 평면 위에 투영

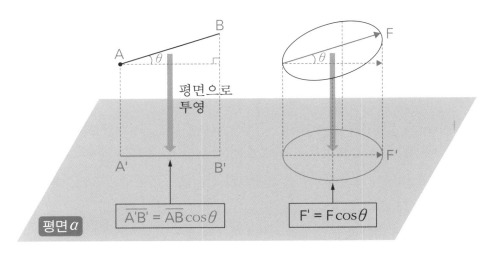

[그림37] 정사영

하는 대응으로 생긴 도형이다. 도형 F에 속하는 모든 점을 평면 α위로 투영(投影)한 정사영으로 이루어지는 도형 F'을 F의 α위로의 정사영이라 한다.

[그림37]에서 도형 F의 평면 α위로의 정사영이 되는 F'의 넓이는 $F\cos\theta$가 된다. [그림37]에 보이는 정사영의 개념을 천문과 지리에 대입하면, [그림38]이 된다.

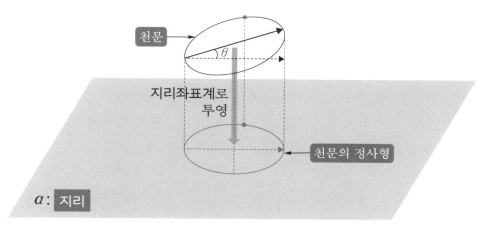

$$\boxed{\text{천문의 정사영}} = \boxed{\text{천문}} \times \cos\theta$$

$$\boxed{\text{천문}} = \boxed{\text{천문의 정사영}} \times \frac{1}{\cos\theta}$$

$$\boxed{\text{천문의 정사영}} = \boxed{\text{지리좌표계에 투영된 천문}}$$

[그림38] 천문의 정사영

천문이 지리로 이루어지 평면으로 투영된 정사영은, [그림38]에서 [천문의 정사영]이 된다. [천문]을 지리좌표계로 표현하면, [천문의 정사영]$\times[\frac{1}{\cos\theta}]$가 된다. 여기에서 [0도$\langle\theta\langle$90도]이므로, [0$\langle\cos\theta\langle$1]이고 [$\frac{1}{\cos\theta}\rangle$1]가 된다. 결과적으로 '[천문]=[천문의 정사영]$\times[\frac{1}{\cos\theta}]\rangle$[천문의 정사영]'이 된다. 다시 정리하면, '[천문]이 [천문의 정사영]보다 크다.'가 성립한다.

[그림38]의 [$\frac{1}{\cos\theta}$]가 천문을 지리좌표계로 표시할 때 발생하는 천문이 지리에 도착하는 시간이 된다.

간지가 시공간을 표시하는 원리

지금까지 탐구한 정사영의 개념에 대입하여 60개의 간지 중 甲子가 처음이 된 이유는 다음과 같다.

간지가 사람의 눈으로 직접 관찰하는 지리좌표계인 두병소지의 좌표단위이기 때문이다.

간지 중 땅의 좌표단위는 지지이다. 따라서 지지의 근원인 낙서에서 태양열(太陽熱)이 가장 적은 숫자인 1에 대응되는 子가 십이지지의 처음이 된다. 왜냐하면, 지리좌표계인 두병소지로 천지(天地) 중에서 같은 공간인 땅의 좌표단위인 지지를 표시하는 것은, 다른 보정(補整)작업이 필요하지 않기 때문이다.

[그림39]에서 땅의 좌표단위인 지지를 강조하기 위해서 지방[地方]의 네모로 둘러싼 순서수 ①, ② 등을 사용하였다.

십이지지 중 子가 처음이 되는 이유는, 하루의 시작이 寅時가 아닌 子時가 되는 사주명리학의 역법에도 동일하게 적용된다.

간지 중 하늘의 좌표단위는 천간이다. 원래는 지지처럼 천간의 근원인 하도에서 태양의 일주운동 궤적이 갖는 고도가 가장 작은 1에 대응되는 壬이 [그림39]의 상단처럼 십천간(十天干)의 처음이 되어야 한다. 그럼에도 불구하고, 십천간의 처음은 [그림39]의 하단처럼 양간(陽干 : 양의 천간)인 壬에서 시간이 흘려서 바로 다음의 양간인 甲이 된다. 왜냐하면, 지리좌표계인 두병소지로 천지(天地) 중에서 다른 공간인 하늘의 좌표단위인 천간을 표시하는 것은, 하늘의 좌표단위가 땅에 도달하는 시간을 반영하는 보정작업이 필요하기 때문이다.

[그림39]에서 하늘의 좌표단위인 천간을 강조하기 위해서 천원(天圓)의 동그라미로 둘러싼 순서수 ①, ② 등을 사용하였다.

십천간 중 壬이 아닌 甲이 처음이 되는 이유는, 한 해의 시작이 子月이 아니고 寅月이 되는 사주명리학의 역법에도 동일하게 적용된다.

참고로 木부터 시작하는 천간은 시간단위인 성(星)으로 사용된다. 따라서 오행 중 근본이 되는 중앙의 土도 다른 오행의 회전운동에 동등하게 참여한다. 하도의

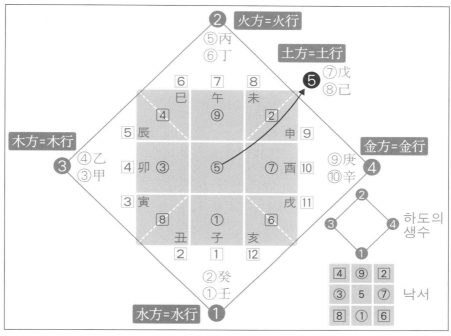

천간의 지도화

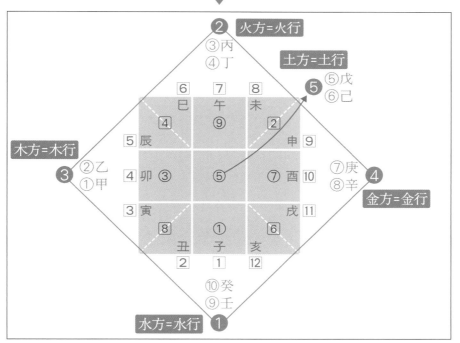

[그림39] 甲子가 간지의 처음인 이유

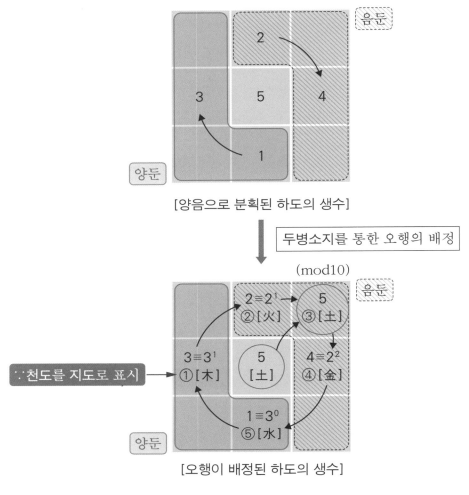

[그림40] 하도의 생수에서 천간오행의 생성

생수에서 천수인 5가 土를 대표한다. 따라서 천수인 5는 [그림40]처럼 음둔 공간의 지수인 2[火]와 4[金] 사이로 위치하면서 천지(天地)의 상보결합을 형성한다. 이런 과정을 통해서 천간오행이 〈木[甲乙]→火[丙丁]→土[戊己]→金[庚辛]→水[壬癸]〉의 순서로 배정되었다.

천도를 지리좌표계에 대응하여 표시하는 두 번째 방법은 공간대칭이다. 공간대칭은 [그림41]처럼 점대칭과 선대칭에 의해서 발생한다.

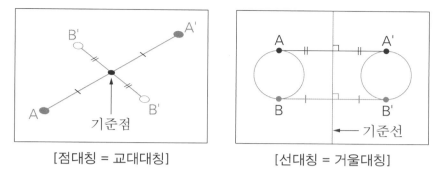

[점대칭 = 교대대칭]　　　　[선대칭 = 거울대칭]

[그림41] 공간대칭의 종류

　점대칭은 특정한 기준점에 대한 '교대대칭(交代對稱, skew symmetry)'이라고 일컫는다. 점대칭이 공간대칭으로 사용되기 위해서는 시간이 고정되어야 한다. 그래서 하도와 낙서의 평균값인 5와 5의 중앙값인 2.5를 [그림42]처럼 각각 교대대칭의 전체구간과 기준점으로 설정한다. 앞에서 살펴본 것처럼 평균값은 시간이 흐르지 않고 고정된다.

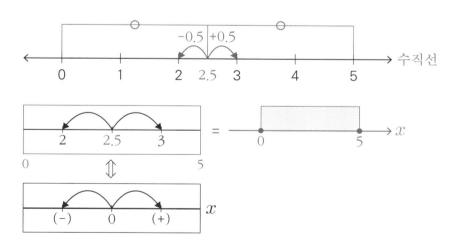

[그림42] 하도수의 평균인 5의 중앙값

　하도의 회전운동을 표현하는 거듭제곱의 밑이 되는 3과 2를 기준점 2.5에 대한 점대칭으로 사용한다. 3은 양수이고 2는 지수이므로, 하도의 평균값 5가 3과

2로 분열되는 대칭을 '음양교대대칭'이라고 부른다. '양음교대대칭'이 아닌 '음양교대대칭'으로 일컫는 이유는, 공간대칭을 통해서 천도를 주축인 지리좌표계로 표시하기 때문이다.

선대칭은 특정한 기준선에 대한 '거울대칭'이라고 지칭한다. 이런 특정한 기준선이 거울면이 된다. 거울대칭을 통해서 천도를 지리좌표계에 대응시키는 경우에는 원본인 상(像)은 천도가 되고, 거울상은 지리좌표계에 대응된 천도가 된다.

역학의 기초개념으로 사용되는 공간대칭에 대한 더 상세한 내용은, 필자의 전작인 『하도낙서의 과학적 탐구』와 『팔괘의 과학적 탐구』에 실려 있다.

주역의 후천팔괘에서
효의 공간대칭

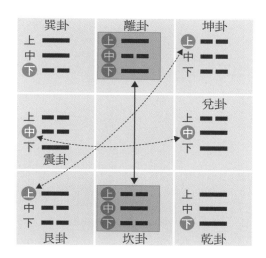

주역(周易)의 후천팔괘(後天八卦)에서 마주보는 괘들은 위의 그림처럼 특정한 효(爻)만 음양교대대칭을 이룬다. 다시 말해서, 주역의 후천팔괘에서 마주보는 괘들은 부분적(部分的, 국소적)인 공간대칭을 이룬다.

주역의 후천팔괘에서 간괘와 곤괘는 상효(上爻)만, 진괘와 태괘는 중효(中爻)만, 손괘와 건괘는 하효(下爻, 초효)만 각각 음양교대대칭을 이룬다. 기

문둔갑의 팔문(八門)은 이런 부분적인 공간대칭에 입각하여 대대(待對)관계로 명명(命名)되었다. 예컨대 개문(開門)인 건괘와 하효만 음양교대대칭인 손괘를 두문(杜門)으로 부르면서 부분적인 공간대칭을 반영하였다.

2장

간지의 상호작용

사주명리학의 상수학적 설계원리

간지의 상호작용(相互作用)은 대칭을 통해서 발생한다. 간지는 시간과 공간을 표시하는 기호이므로, 간지의 상호작용은 대칭 중 공간대칭과 시간대칭에 의해서 성립한다.

대칭은 기준이 되는 〈점·선·면〉을 사이에 두고 같은 거리에서 마주 보고 있는 것이다. 특히 역학은 하도낙서처럼 세로와 가로로 이루어진 좌표평면(座標平面)을 주로 사용하므로, 역학은 좌표평면에서 발생하는 대칭인 점대칭과 선대칭으로 공간대칭과 시간대칭을 표시한다.

대칭을 더 포괄적으로 정의하면, 다음과 같다. 대칭은 어떤 기하학(幾何學)적 모형(模型)을 원상태와 똑같은 것처럼 보이게 만드는 변환(變換)이다. 괘(卦)의 좌우를 바꿔도 괘의 외형은 그대로이고, 삼각형을 120도 회전시켜도 삼각형의 외형은 원래와 똑같다. 따라서 하도낙서와 오행에서 발생하는 회전대칭(回轉對稱)도 대칭의 일종이 된다.

우주 만물은 대칭으로 존재하기 때문에, 균형과 평형을 유지한다. 또한 이러한 균형으로 인해서 우주 만물은 아름답게 보인다. 간지의 상호작용도 대칭을 통해서 발생하므로, 균형과 평형을 유지한다.

간지의 상호작용을 형성하는 공간대칭과 시간대칭을 비교하면서 더 자세히 살펴보면, [표2]와 같다.

[표2] 공간대칭과 시간대칭의 비교

비교 항목	공간대칭		시간대칭
	거울대칭	음양교대대칭	
연산자	±5만큼 평행이동 $y=g(x)=x\pm5$	5의 중앙값인 2.5에 대한 교대대칭 $y=g(x)=5-x$	5에 대한 교대대칭 $y=g(x)=2\times5-x$
홀수와 짝수의 대응관계	홀수 $\Leftrightarrow$ 짝수	홀수 $\Leftrightarrow$ 짝수	홀수 $\Leftrightarrow$ 홀수 짝수 $\Leftrightarrow$ 짝수
고정되는 물리량	시간이 고정된 상황에서 공간이 대칭	시간이 고정된 상황에서 공간이 대칭	공간이 고정된 상황에서 시간이 대칭

[표2]에서 보이는 것처럼 공간의 상태를 홀수[= 천수]와 짝수[= 지수]를 사용하여 표시하므로, 공간대칭은 '홀짝성 대칭' 또는 '반전성(parity, 反轉性) 대칭'이 된다.

거울대칭에서는 〈1+5 = 6, 2+5 = 7, 3+5 = 8, 4+5 = 9〉처럼 홀수인 1은 짝수인 6과 대칭되고, 짝수인 2는 홀수인 7과 대칭된다. 이처럼 거울대칭은 홀수는 짝수와 대칭되고, 짝수는 홀수와 대칭된다.

공간대칭의 일종인 음양교대대칭에서도 〈1+4 = 5, 2+3 = 5〉처럼 홀수인 1은 짝수인 4와 대칭되고, 짝수인 2는 홀수인 3과 대칭된다. 특히 음양교대대칭은 하도의 회전운동을 표현하는 거듭제곱의 밑이 되는 2와 3을 주로 사용한다. 이처럼 음양교대대칭은 홀수는 짝수와 대칭되고, 짝수는 홀수와 대칭된다.

시간대칭은 [그림43]처럼 낙서에서 대표적인 사례가 존재한다. 〈1+9 = 10, 3+7 = 10〉과 〈2+8 = 10, 4+6 = 10〉처럼 홀수끼리 또는 짝수끼리 중앙의 5에 대한

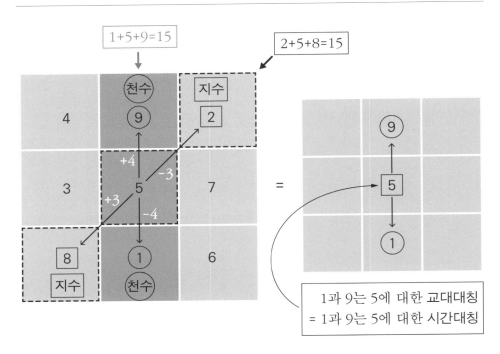

[그림43] 시간대칭의 사례

교대대칭을 형성한다. 따라서 시간대칭이 발생하는 공간은 홀수 즉 천수가 의미하는 천도로 고정되거나 또는 짝수 즉 지수가 의미하는 지도로 고정된다.

　간지의 상호작용에서 천간은 다른 천간과 상호작용을 하고, 지지는 다른 지지와 상호작용을 한다. 특히 간지 중 지지의 상호작용을 '형충회합(刑沖會合)'이라고 일컫는다. 대칭에 의거하여 간지의 상호작용인 형충회합을 분류하면, [표3]이 된다.

　[표3]에 보이듯이, 공간대칭에 의해서 발생하는 간지의 상호작용은 천간합(天干合), 육합(六合), 삼회(三會), 삼합(三合) 등이 된다. 또한 시간대칭에 의해서 발생하는 간지의 상호작용은 지지충(地支沖), 형(刑) 등이 된다.

　역학이 사용하는 좌표평면에서 공간대칭은 시간이 고정된 상황에서 발생하고, 시간대칭은 공간이 고정된 상황에서 발생한다. 이처럼 대칭이 발생하기 위해서 미리 고정되는 물리량은 시간합(時間合) 또는 공간합(空間合)이 된다.

[표3] 대칭에 의거한 간지의 상호작용 분류

비교 항목 　 대칭의 종류	공간대칭	시간대칭
고정되는 물리량	시간	공간
합의 종류	시간합	공간합
간지가 상호작용하는 방법	천간합 육합 삼회 삼합	지지충 형

[그림44]에서 시간이 고정되는 상황은 공간대칭인 두 점 P₂와 P₃의 시간좌표인 x_2와 x_3이 일치한다는 것을 의미한다. 이처럼 일치하는 현상을 '합(合)'이라

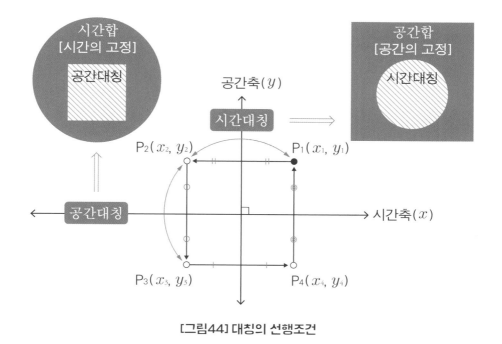

[그림44] 대칭의 선행조건

고 일컫는다. 따라서 두 점 P_2와 P_3은 시간합인 선행조건(先行條件)에서 공간대칭인 관계가 된다.

[그림44]에서 공간이 고정되는 상황은 시간대칭인 두 점 P_1과 P_2의 공간좌표인 y_1과 y_2가 일치한다는 것을 의미한다. 따라서 두 점 P_1과 P_2는 공간합인 선행조건에서 시간대칭인 관계가 된다.

지금까지 살펴본 간지의 상호작용인 형충회합이 공간대칭과 시간대칭에 생성되는 과정을 이어지는 하위단원에서 상세히 탐구한다.

1
육합과 육합오행의 설계원리

육합(六合)은 지지(地支)들 사이의 합으로 사용되어서, 〈子丑合, 寅亥合, 卯戌合, 辰酉合, 巳申合, 午未合〉으로 정의된다. 『오행대의(五行大義)』에서도 다음의 구절처럼 〈육합을 지합(支合, 지지의 합)〉으로 언급하였다. 『오행대의』는 북주(北周) 말엽과 수(隨)나라 초기의 산술학(算術學)의 대가인 소길(蕭吉)이 그 당시까지 발전하였던 오행학설을 정리한 책이다.

"지지의 합은 해와 달이 12차(次)를 운행하면서 회합(會合)하는 곳이다. 정월에는 해와 달이 추자(娵訾)의 차(次, 12차를 구축하는 하나의 구역)에서 회합하는데, 추자는 亥方이다. 또 다른 이름으로 시위(豕韋)라고도 불린다. 이 때에는 북두칠성의 자루가 寅을 가리키므로, 寅과 亥가 합이 된다. 2월에는 해와 달이 강루(降婁)의 차(次)에서 회합하는데, 강루는 戌方이다. 이 때에는 북두칠성의 자루가 卯를 가리키므로, 卯와 戌이 합이 된다."

"支合者日月行次之所合也. 正月日月會於娵訾之次, 娵訾亥也. 一名-豕韋. 斗建在寅, 故寅與亥合. 二月日月會於降婁之次, 降婁戌也. 斗建在卯, 故卯與戌合."

위의 인용된 구절에 나오는 '12차'는 해와 달이 1년 동안 하늘에서 12번 만나는 구역이다. 원래 12차는 동양에서 적도를 따라 하늘을 30°씩 12구역으로 구분하던 방법으로서, 목성의 위치를 천구의 적도(赤道) 좌표계에 표기할 때 발생한 방위좌표(方位座標) 개념이다.

예로부터 동양에서는 목성을 세성(歲星)이라고도 불렀다. 왜냐하면 목성의 공전 주기인 11.86년을 반올림해 12년이 되는 것을 이용하여 12등분한 목성의 공전궤도로 한 해가 바뀌는 것을 표시하였기 때문이다. 목성이 보이는 곳을 기준으로 천구의 적도를 12구역으로 나누고 그 영역을 차(次)라고 불렀다.

12차나 28수처럼 하늘의 좌표계로 천문현상을 기록한 그림을 '앙관천문도(仰

觀天文圖)'라고 지칭(指稱)하였고, 두병소지처럼 지리좌표계로 천문현상을 기록한 그림을 '부찰지리도(俯察地理圖)'라고 하였다. 앙관천문도에 공시간좌표(空時間座標)를 표시한 것이 '앙관천문좌표계'이고, 부찰지리도에 공시간좌표를 표시한 것이 '부찰지리 좌표계'이다.

'앙관부찰'이라는 용어는 『주역』「계사전(繫辭傳)」의 "古者包犧氏之王天下也, 仰則觀象於天, 俯則觀法於地,…… 於是始作八卦 …… (옛날에 포희씨[복희씨]가

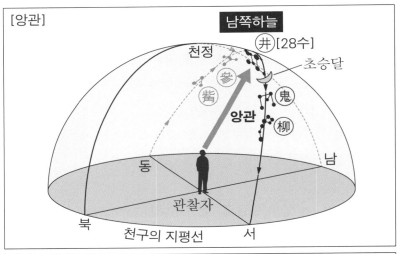

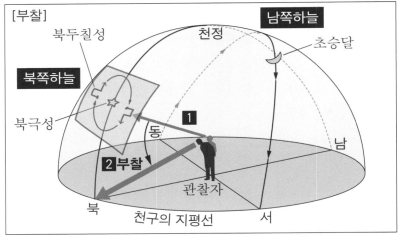

[그림45] 앙관과 부찰

천하를 다스릴 적에, 우러러보아서 하늘에서 상(象)을 관찰한 것을 본보기로 삼고, 굽어보아서 땅에서 법(法)을 관찰한 것을 본보기로 삼아서, ……, 이에 비로소 팔괘를 만들었다.)"에서 등장한다.

위에서 인용된 구절처럼 '앙관'은 사람이 하늘을 우러러보는 것이고, '부찰'은 사람이 땅을 굽어보는 것이다. '굽어보다'의 뜻은, '높은 위치에서 상체를 굽혀 아래를 내려다보다'가 된다.

[그림45]의 상단그림처럼 남쪽하늘의 28수는 각각의 수(宿)가 모두 모양이 다르다. 따라서 28수는 다른 보조지표의 도움이 없어도 그 자체로서 공시간좌표가 된다. 이런 이유로 인해서, 사람이 28수를 우러러보기만[앙관] 해도 공시간좌표를 측정할 수 있다.

[그림45]의 하단그림처럼 북쪽하늘의 북두칠성은 월건과 시진에 관계없이 전체 모양은 똑같다. 따라서 북두칠성을 우러러보는 것으로만 공시간좌표를 정할 수 없고 보조지표가 필요하다. 북두칠성의 전체 모양은 항상 똑같지만, 두병소지[북두칠성의 자루가 가리키는 방향]는 월건과 시진에 따라 변한다. 이런 두병소지를 이용하여 공시간좌표를 측정할 수 있다.

두병소지를 이용하여 공시간좌표를 측정하는 방법은 다음과 같다. [그림45]의 하단그림에서 **1**처럼 먼저 북두칠성의 자루를 본 후, **2**처럼 다시 상체를 구부려서[부찰] 지리좌표계인 동서남북으로 두병소지를 측정할 수 있다. 동서남북은 태양이 뜨는 땅의 방향을 동(東)으로, 태양이 지는 땅의 방향을 서(西)로 정한 지리좌표계이다.

부찰지리좌표계인 12진(十二辰 : 십이지지의 별명)은 육합을 통해서 앙관 천문좌표계인 12차에 일대일로 대응한다. 12진은 천문현상을 부찰지리좌표계로 표시할 때 사용되는 십이지지를 12차에 대비해서 강조하는 용어이다. 12진을 사용하여 한 해에 붙이는 간지가 연주(年柱)이다. 연주를 세성과 대비하여 태세(太歲)라고도 부른다. 『오행대의』의 육합 내용에서는 12진을 두병소지로 표시하였다.

지금까지 살펴본 『오행대의』를 비롯한 고서(古書)에서 해와 달이 회합할 때의 12차와 12진을 이용하여 육합을 정의하는 것은 천문현상을 관찰해서 기록한 것일 뿐, 근본적인 육합의 원리를 규명한 것이 아니다.

寅이 십이지지 중에서 왜 亥하고만 육합을 하는가? 또한 寅과 亥가 합하면 왜 木이 발생하는가? 이런 의문점이 육합의 근본원리가 된다. 따라서 이어지는 첫 번째 하위단원은 寅亥의 지합처럼 육합을 형성하는 지지 사이의 대응규칙이 어떻게 생성되었는지를 규명한다. 두 번째 하위단원은 육합오행의 생성원리를 규명한다.

1) 육합의 생성원리

육합은 좌표평면에서 이루어지는 공간대칭 중에서 선대칭인 거울대칭을 통해서 생성된다. x축과 y축으로 이루어진 2차원의 좌표공간에서 거울대칭은 y축이 기준선인 좌우거울대칭과 x축이 기준선인 상하거울대칭의 두 종류로 나누어진다. 좌표평면은 z축이 없으므로, 전후거울대칭은 없다.

역학의 물리량은 사람이 위치한 땅[地]을 주축인 궁으로 삼고, 하늘[天]을 땅에 종속된 성(星)으로 삼는다. 따라서 거울대칭의 원본[원래의 상(像)]은 부찰지리좌표계가 되고, 거울상은 앙관천문좌표계가 된다.

부찰지리좌표계인 십이지지를 원본으로 삼아 좌우거울대칭으로 대응시키면, [그림46]처럼 거울상인 앙관천문좌표계인 십이지지가 생성된다. [그림46]의 ③은 원본인 부찰지리좌표계[方] 안에 거울상인 앙관천문좌표계[圓]가 포함된 방원구조를 표시하였다.

부찰지리좌표계인 십이지지를 좌우거울대칭을 통해서 앙관천문좌표계로 대응시키면, [그림47]처럼 지지궁의 내부에 채워져서 작동하는 오행양음의 상승운동이 보존된다. 지지궁의 내부에 채워진 오행양음은 자기력선(磁氣力線)처럼 크기와 방향을 가진 벡터량(vector quantity)이다. 다시 말해서, 좌우거울대칭을

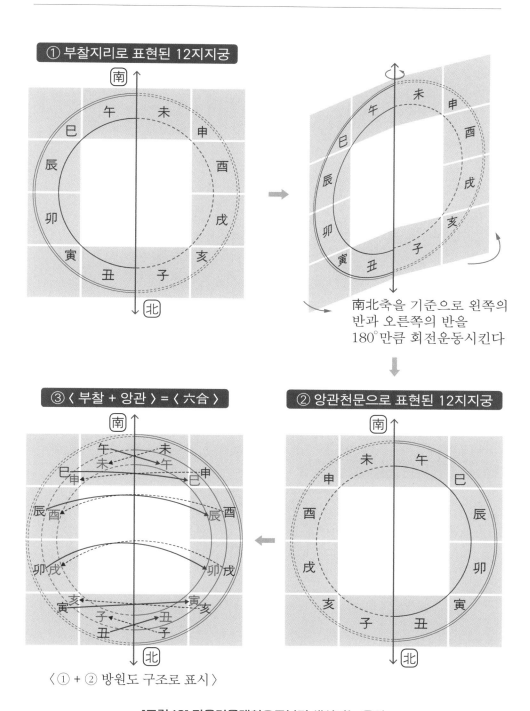

① 부찰지리로 표현된 12지지궁

南
午　未
巳　申
辰　酉
卯　戌
寅　亥
丑　子
北

南北축을 기준으로 왼쪽의
반과 오른쪽의 반을
180°만큼 회전운동시킨다

② 앙관천문으로 표현된 12지지궁

南
未　午
申　巳
酉　辰
戌　卯
亥　寅
子　丑
北

③ 〈 부찰 + 앙관 〉 = 〈 六合 〉

南
午　未
未　午
巳　申
申　巳
辰　酉
酉　辰
卯　戌
戌　卯
寅　亥
亥　寅
子　丑
丑　子
北

〈 ① + ② 방원도 구조로 표시 〉

[그림46] 좌우거울대칭으로부터 생성되는 육합

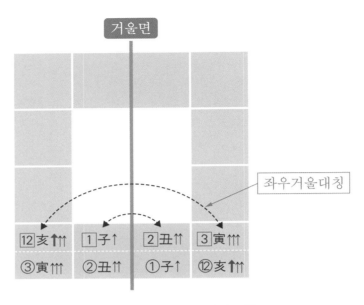

거울면

좌우거울대칭	

| 12亥↑↑↑ | 1子↑ | 2丑↑↑ | 3寅↑↑↑ |
| ③寅↑↑↑ | ②丑↑↑ | ①子↑ | ⑫亥↑↑↑ |

[그림47] 좌우거울대칭에 의한 지지 방향의 보존

통한 변환은 지지궁 내부의 벡터량인 오행양음의 상승운동을 보존시킨다. 지지궁 내부의 벡터 중 하나가 지장간(地藏干)이다.

① 부찰지리로 표현된 12지지궁

午　未
巳　　申
辰　　酉
　　　　　西
卯　　戌
東
寅　　亥
丑　子

→

午　未
巳　　申
辰　　酉
　　　　　西
卯　　戌
東
寅　　亥
丑　子

東西축을 기준으로 위쪽의 반과 아래쪽의 반을 180°만큼 회전운동 시킨다

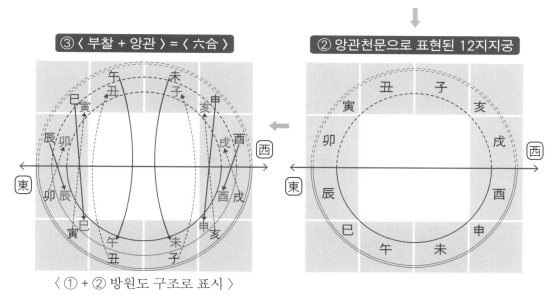

③ 〈 부찰 + 앙관 〉 = 〈 六合 〉

② 앙관천문으로 표현된 12지지궁

〈 ① + ② 방원도 구조로 표시 〉

[그림48] 상하거울대칭으로부터 생성된 육합

부찰지리좌표계인 십이지지를 원본으로 삼아 상하거울대칭으로 대응시키면, [그림48]처럼 거울상인 앙관천문좌표계인 십이지지가 생성된다. [그림48]의 ③ 은 원본인 부찰지리좌표계[方] 안에 거울상인 앙관천문좌표계[圓]가 포함된 방원구조를 표시하였다.

부찰지리좌표계인 십이지지를 상하거울대칭을 통해서 앙관천문좌표계로 대응시키면, [그림49]처럼 지지궁의 내부에 채워져서 작동하는 오행양음의 상승운동이 반대로 변한다. 다시 말해서, 상하거울대칭을 통한 변환은 지지궁 내부의 벡터량인 오행양음의 상승운동을 하강운동으로 반전시킨다.

사주명리학에서 천간은 주로 성(星)이 되고, 지지는 궁(宮)이 된다. 천간성이 지지궁에 채워져서 지지궁 내부의 오행양음에 의해서 생극(生剋)을 받는다. 따라서 거울대칭에 의해서 발생하는 앙관천문좌표계의 십이지지 내부의 오행양음은 원본인 부찰지리좌표계와 동일한 운동방향을 가져야 천도에 위치한 천간한테 작용력을 행사한다. 이런 이유로 인해서, 육합은 좌우거울대칭에 의해서만 발생한다.

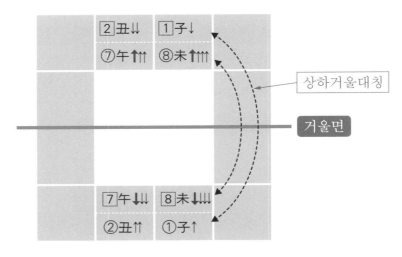

[그림49] 상하거울대칭에 의한 지지 방향의 역전

십이지지로 이루어지는 좌표계는, [그림50]처럼 좌우거울대칭이 두 번 사용되는 이중적인 공간대칭으로 구성된다. 좌우거울대칭은 좌표계 전체를 변환시키거나 하나의 좌표계로 표시되는 천도와 지도를 변환시킬 수 있다. 이것을 더 자세히 살펴보면, 다음과 같다.

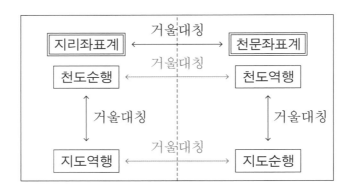

[그림50] 거울대칭의 다양한 용도

첫 번째 좌우거울대칭은, 왼손좌표계와 오른손좌표계의 관계처럼 부찰지리좌표계와 앙관천문좌표계를 서로 변환시킨다. 두 번째 좌우거울대칭은, 부찰지리좌표계의 양의 방향인 천도순행과 음의 방향인 지도역행을 서로 변환시키고, 앙관 천문좌표계의 양의 방향인 지도순행과 음의 방향인 천도역행을 서로 변환시킨다.

좌우거울대칭의 다양한 용도를 사람이 관찰하는 부찰지리좌표계를 주축으로 삼아서 정리하면, [그림51]이 된다.

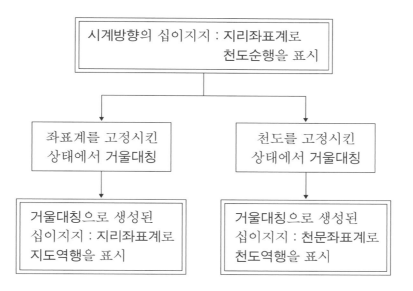

[그림51] 사람 중심으로 사용된 거울대칭의 용도

[그림51]의 왼쪽처럼 부찰지리좌표계를 고정시킨 상태에서 좌우거울대칭을 실행하면, 부찰지리좌표계의 천도순행을 표시하는 십이지지가 부찰지리좌표계의 지도역행을 표시하는 십이지지로 변환된다.

[그림51]의 오른쪽처럼 좌표계들이 표시하는 천도를 고정시킨 상태에서 좌우거울대칭을 실행하면, 부찰지리좌표계의 천도순행을 표시하는 십이지지가 앙관 천문좌표계의 천도역행을 표시하는 십이지지로 변환된다.

사주명리학에서 사용하는 육합은 [그림52]처럼 두 가지 기능을 갖는다. 육합은 부찰지리좌표계로 천도순행을 표시한 십이지지를 부찰지리좌표계로 지도역

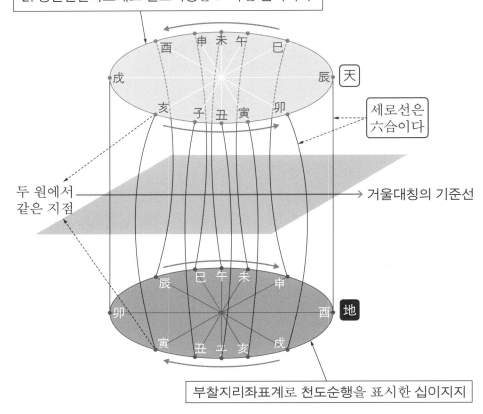

1. 부찰지리좌표계로 지도역행을 표시한 십이지지
2. 앙관천문좌표계로 천도역행을 표시한 십이지지

세로선은
六合이다

두 원에서
같은 지점

거울대칭의 기준선

부찰지리좌표계로 천도순행을 표시한 십이지지

[그림52] 육합의 두 가지 기능

행을 표시하거나 앙관천문좌표계로 천도역행을 표시한 십이지지로 변환시킨다.

좌우거울대칭에 의해서 발생하는 육합은, [그림53]처럼 크게 두 가지의 안정
성을 갖는다.

첫 번째 안정성은, 육합을 형성하는 두 개의 지지는 천수[홀수]와 지수[짝수]
의 상보결합으로 단단하게 묶인다는 점이다. 여기에서 천수와 지수는 십이지지
중 子부터 시작하여 丑을 두 번째, 寅을 세 번째처럼 차례를 매기는 순서수이다.

합: 15 ≡ 3 (mod 12)

[그림53] 육합의 안정성

또한 십이지지의 순서를 子부터 시작한다는 것은, 공시간좌표로 기능하는 십이지지가 육합에 사용된다는 것도 알려준다. 만약 시공간좌표로 기능하는 십이지지였다면, 寅이 첫 번째 순서가 된다.

두 번째 안정성은, 육합을 형성하는 지지들의 순서수 총합이 모두 3으로 일정하여 균형을 이룬다는 점이다. 〈巳의 순서수+申의 순서수 = ⑥+⑨ = 15〉처럼 순서수 총합이 15인 경우는 3과 같다. 왜냐하면, 15를 십이지지의 순환주기인 12로 나누면, 나머지가 3이 되기 때문이다. 다시 말해서, 15는 십이지지를 한 바퀴 돈 후에 3에 도달하여 멈춘다. 이런 현상을 [그림53]에서 〈3 ≡ 15(mod12)〉으로 표시하였다.

2) 육합오행의 생성원리

육합은 공간대칭의 일종인 좌우거울대칭에 의해서 발생한다. 거울대칭은 원래의 상(像)이 같은 시간에 거울을 통해서 거울상으로 비춘다. 여기에서 '같은 시간'은 '시간이 고정된 상황'이 된다. 따라서 거울대칭은 시간이 고정된 상황에서 발생한다. 이처럼 거울대칭이 발생하기 위해서 미리 고정되는 물리량은 시간합(時間合)이 된다.

육합은 시간이 고정된 상황에서 대칭을 통한 공간의 변화이므로, 육합을 형성하는 지합(支合, 지지의 합)은 공간의 순서를 따라서 발생한다. 따라서 지합은 [그림54]처럼 공시간으로 기능하는 십이지지의 첫 번째 지지인 子를 출발점으로 삼아 지지의 순서대로 형성된다.

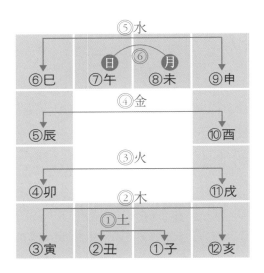

[그림54] 육합오행의 순서

육합을 형성하는 지합의 전제조건인 시간합이 '육합오행(六合五行)'이다. 공시간으로 기능하는 십이지지 좌표계에서 지합의 순서를 쫓아 육합오행을 표시하므로, 육합오행도 공간처럼 양음의 수직적 배치로 생성된다.

육합오행은 시간합이므로, 시간을 표시하는 오행의 수직적 배치가 육합오행의 수직적 배치가 된다. 오행의 수직적 배치는 [그림55]처럼 하도수의 생수가 이루는 계층구조로부터 도출된다.

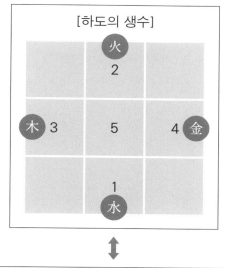

[하도의 생수]

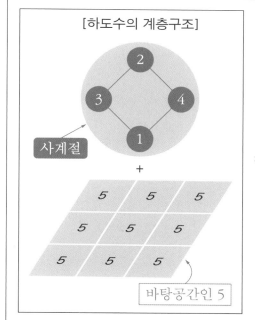
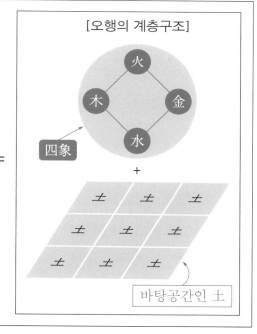

[그림55] 오행의 계층구조

하도수의 생수는 〈3줄×3칸〉로 이루어진 구궁(九宮)의 지방(地方)이 마름모 꼴인 천원(天圓)을 담는 계층구조로 이루어진다. 다시 말해서, 하도수의 평균값

간지의 상호작용

인 5가 채워진 구궁의 지방이 마름모꼴을 이루는 하도수 〈3→2→4→1〉의 천
원을 담는다.

　하도수의 생수를 오행으로 바꾸면, [그림55]의 오른쪽처럼 바탕공간인 지방
의 土가 사계절[四象]인 〈木[봄]→火[여름]→金[가을]→水[겨울]〉의 천원을
담는다. 이런 방식으로 하도수의 생수가 이루는 계층구조가 오행의 수직적 배치
가 된다.

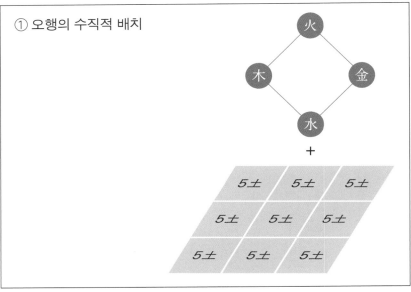

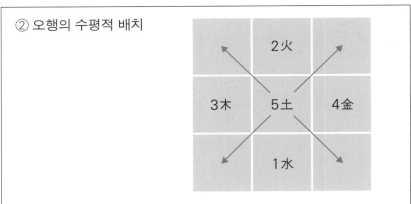

[그림56] 오행 배치순서의 생성원리

지금까지 살펴본 오행의 수직적 배치와 더불어 오행의 수평적 배치는 오행 배치순서의 큰 틀이 된다. 따라서 [그림56]처럼 오행 배치순서의 생성원리도 오행의 수직적 배치와 수평적 배치로부터 도출된다. [그림56]의 ②처럼 오행의 수평적 배치가 적용된 대표적인 사례가 공시간과 시공간으로 기능하는 십이지지이다.

육합오행의 배치는 [그림57]처럼 오행의 수직적 배치순서를 따른다. 따라서 공시간으로 기능하는 십이지지의 첫 번째 지합인 子丑에 배당되는 육합오행은 바탕공간인 土가 된다. 이후의 지합은 사상(四象)의 순서대로 육합오행이 寅亥에 木, 卯戌에 火, 辰酉에 金, 巳申에 水가 배당된다.

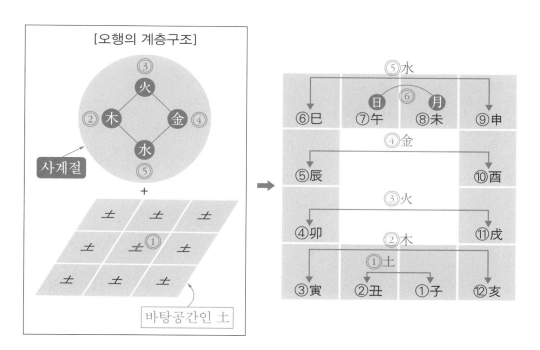

[그림57] 육합오행의 생성원리

부찰지리좌표계에서 천도순행의 출발점인 子에 대충(對沖)인 午의 육합은 '日'이 된다. 왜냐하면, 태양의 일주운동 궤도가 가장 높은 午月은 오행이 태양의 운동에서 발생한다는 것을 나타내기 때문이다.

午에 좌우거울대칭인 관계인 未의 육합은 '月'이 된다. 왜냐하면, 태양의 운동을 대표하는 午에 좌우거울대칭인 未가 앙관천문좌표계에서 달의 운동을 대표하기 때문이다. 앙관천문좌표계에서 달의 운동은 28수로 관측된다.

지금까지 탐구한 육합과 육합오행의 설계원리로부터 사주명리학의 해석법에서 육합을 다루는 방법이 다음처럼 도출된다.

첫째로 육합은 공망(空亡)처럼 지지로 공간의 상태를 계산할 때 사용된다. 왜냐하면, 육합은 공시간으로 기능하는 십이지지에서 형성되기 때문이다. 육합과 육합오행의 출발점은 공시간으로 기능하는 십이지지의 처음인 子가 된다. 또한 공시간은 공간의 큰 주머니 안에 시간이 존재하므로, 공시간으로 기능하는 십이지지는 공간의 상태를 표시할 때 사용된다.

둘째로 육합오행은 시공간으로 기능하는 십이지지에서 천간의 강약(强弱)을 계산할 때 사용되지 않는다. 왜냐하면, 육합오행은 공시간으로 기능하는 십이지지에서 발생하기 때문이다. 천간의 강약은 지장간(地藏干)과 다른 천간의 생극(生剋)에 의해서 결정된다. 따라서 육합오행은 오행의 생극을 다루는 시간학에서 사용되지 않고, 주로 공간학에서 사용된다.

2
삼합의 생성원리

삼합(三合)은 균등하게 떨어진 세 개의 지지가 모여서 하나의 큰 오행 세력을 형성하는 것이다. 이런 오행 세력을 '오행국(五行局)'이라고 부른다. 삼합을 형성하는 세 개의 지지는 십이지지에서 균등하게 4칸씩 떨어져 있다.

삼합이 형성하는 큰 오행 세력은 목국(木局), 화국(火局), 금국(金局), 수국(水局)의 네 종류가 있다. 木局은 지지 중 亥卯未가 모여 木의 큰 세력이 된 것이다. 火局은 지지 중 寅午戌이 모여 火의 큰 세력이 된 것이다. 金局은 지지 중 巳酉丑이 모여 金의 큰 세력이 된 것이다. 水局은 지지 중 申子辰이 모여 水의 큰 세력이 된 것이다.

삼합이 하나의 큰 오행 세력을 형성하는 이유는 크게 두 가지 때문이다. 첫 번째 이유는 [그림58]처럼 개별 간격이 30°인 지지가 3개 모여서 90°가 되기 때문이다. 90°는 동서남북에서 한 방향이 이루는 각의 크기이다. 따라서 90°가 되는 삼합은 동서남북의 한 방향처럼 독립적인 시공간 단위가 된다.

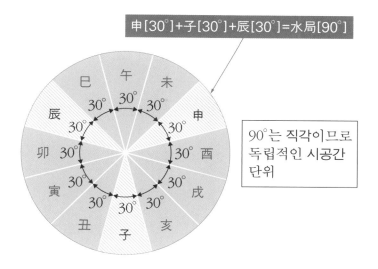

[그림58] 독립적인 시공간 단위가 되는 삼합

두 번째 이유는 [그림59]처럼 삼합에서 가운데 지지가 나머지 두 개의 지지와 동일한 오행을 갖기 때문이다. 특히 삼합에서 가운데 지지가 오행의 음(-)이 되고, 나머지 두 개의 지지는 가운데 지지와 동일한 오행이지만 양(+)이 된다. 따라서 삼합에서 가운데 지지와 나머지 두 개의 지지는 동일한 오행 내에서 양음(陽陰)의 상보결합으로 묶이게 된다. 이런 일련의 과정을 아래에서 더 자세히 탐구한다.

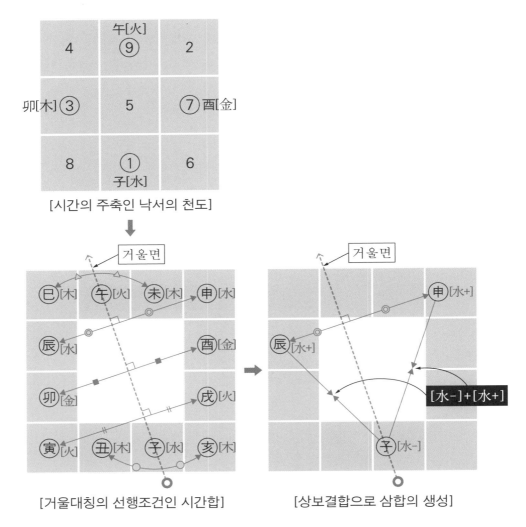

[시간의 주축인 낙서의 천도]

[거울대칭의 선행조건인 시간합]

[상보결합으로 삼합의 생성]

[그림59] 삼합이 생성되는 과정

[그림59]의 두 번째 그림처럼 申子辰 삼합에서 申과 辰은 가운데 지지인 子로부터 4칸 떨어져서 위치한다. 이런 현상은 子와 마주보는 午를 거울면으로 삼아서 申과 辰이 거울대칭을 이루는 것이다. 거울대칭은 공간대칭의 일종이므로 시간합은 선행조건이 된다. 따라서 육합처럼 오행의 수직적 배치에 의해서 시간합이 되는 오행이 정해진다.

시간합은 같은 시간[오행]으로 묶이는 현상이다. 원래 합(合)은 두 개 이상의 기호나 물리량이 일치하는 현상을 일컫는 용어이다. 따라서 삼합은 세 개의 지지가 같은 물리량을 갖거나, 세 개의 지지가 특정한 물리량의 상태에서 일치한다는 것을 의미한다.

육합은 거울대칭의 기준선이 子午와 丑未의 사이가 된다. 그러나 삼합은 육합과 다르게 거울대칭의 기준선으로서 삼합의 가운데 지지가 참여한다. 특히 삼합의 가운데 지지인 卯午酉子는 낙서에서 천도인 사정방에 위치한다. 시간은 천도에서 생성되고, 공간은 지도에서 생성된다. 따라서 천도에 위치한 〈卯·午·酉·子〉가 중심이 되는 삼합은 시간 즉 오행국이 된다. 또한 삼합은 시간의 근원인 천도에 위치한 〈卯·午·酉·子〉가 중심이 되어 생성되므로, 삼합은 시간이 공간보다 더 상위의 주머니인 시공간으로 기능하는 십이지지에서 형성된다.

삼합의 오행국은 중심인 〈卯·午·酉·子〉에 배당된 오행을 쫓아서 〈木局·火局·金局·水局〉이 된다. 그러므로 삼합을 형성하는 거울대칭의 선행조건인 시간합은 [그림60]처럼 하도의 생수 중 土를 제외한 사상만 사용된다. 다시 말해서, 오행의 수직적 배치 중 바탕공간인 土를 제외한 사상이 삼합의 기본단위로 사용된다.

申子辰 삼합에서 자오선(子午線)을 거울면으로 삼아서 申과 辰이 거울대칭을 이룬다. 이런 거울대칭에서 申과 辰의 시간합은 水가 된다. 왜냐하면, 申子辰 삼합을 이루는 시간합은 [그림61]처럼 子의 오행인 水로부터 출발하여 〈(丑-亥 木)→(寅-戌 火)→(卯-酉 金)→(辰-申 水)〉가 되기 때문이다.

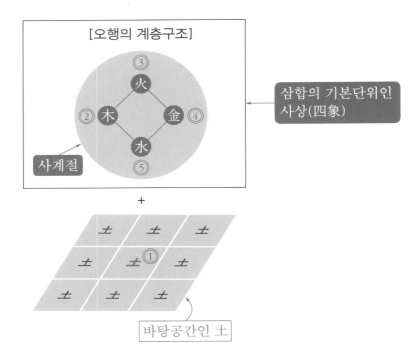

[그림60] 삼합의 기본단위

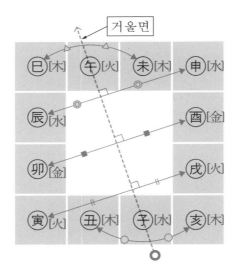

[그림61] 삼합에서 시간합의 수직적 배치

지금까지 살펴본 것처럼, 申子辰 삼합에서 중심인 子의 오행을 쫓아서 申과 辰의 시간합은 水가 된다. 따라서 申子辰 삼합에서 子와 申辰의 시간합으로 이루어진 두 종류의 水가 존재한다.

삼합은 시공간으로 기능하는 십이지지에서 형성된다. 따라서 申子辰 삼합에 존재하는 두 종류의 水에 배정되는 양음은 시공간으로 기능하는 십이지지의 특성에 의해서 결정된다.

申子辰 삼합의 중심인 子는 낙서의 천도에 위치하므로, 낙서의 천도와 양음상보결합(陽陰相補結合)을 형성하기 위해서 〈水-(수음)〉이 된다. 또한 申子辰 삼합에서 申과 辰의 시간합인 水는 [그림62]의 상단처럼 낙서의 지도에 위치하므로 음양상보결합(陰陽相補結合)을 형성하기 위해서 〈水+(수양)〉이 된다.

申子辰 삼합에 존재하는 두 종류의 水에 양음이 결정되면, 최종적으로 〈水+(수양)〉과 〈水-(수음)〉이 상보결합으로 묶이면서 水局이 생성된다. 이런 과정은 [그림62]의 하단을 통해서 압축적으로 제시되었다.

[낙서에서 시간합의 양음이 결정되는 과정]

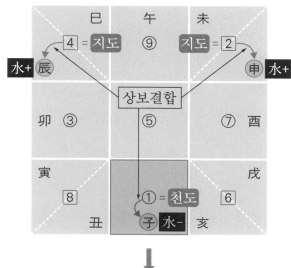

[오행양음의 상보결합으로 생성되는 삼합]

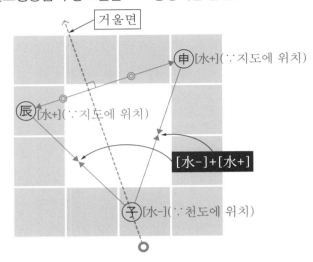

[그림62] 시간합의 양음이 생성되는 과정

申子辰 삼합에서 子의 〈水-〉과 申辰의 〈水+〉이 상보결합으로 水局이 생성되는 원리에 입각하여 이 중 두 개의 지지로 이루어지는 반합(半合)의 성립 여부가 결정된다.

申子辰 삼합에서 오행양음의 상보결합은, 子[水-(수음)]과 申[水+(수양)]의 조합과 子[水-]과 辰[水+]의 조합에는 유지된다. 그러나 申[水+]과 辰[水+]의 조합은 거울대칭으로 양립(兩立)하면서 상보결합이 형성되지 않는다. 따라서 반합은 子申와 子辰의 조합에서만 성립한다.

삼합의 생성과정을 亥卯未 木局을 통해서 한 번 더 살펴보면, [그림63]과 같다. 亥卯未 삼합에서 묘유선(卯酉線)을 거울면으로 삼아서 亥와 未가 거울대칭을 이룬다. 이런 거울대칭에서 亥와 未의 시간합은 木이 된다. 왜냐하면, 亥卯未 삼합을 이루는 시간합은 중심인 卯의 오행인 木으로부터 출발하여 〈(辰-寅 火) → (巳-丑 金) → (午-子 水) → (未-亥 木)〉이 되기 때문이다. 결과적으로 亥卯未 삼합에서 卯와 亥未의 시간합으로 이루어진 두 종류의 木이 존재한다.

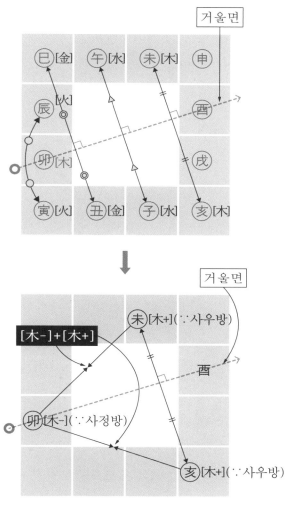

[그림63] 삼합의 생성과정

亥卯未 삼합의 중심인 卯는 낙서의 천도에 위치하므로, 낙서의 천도와 양음상
보결합을 형성하기 위해서 〈木-(목음)〉이 된다. 또한 亥卯未 삼합에서 亥와 未
의 시간합인 木은, 낙서의 지도에 위치하므로 음양상보결합을 형성하기 위해서
〈木+(목양)〉이 된다.

亥卯未 삼합에 존재하는 두 종류의 木에 양음이 결정되면, 최종적으로 〈木+
(목양)〉과 〈木-(목음)〉이 상보결합으로 묶이면서 木局이 생성된다.

참고로 삼합은 [그림64]처럼 4칸씩 떨어진 지지들의 120° 회전대칭을 통해서 생성될 수도 있다. 왜냐하면, 120° 회전대칭으로 모인 세 개의 지지가 갖는 회전 각의 총합이 90°가 되기 때문이다.

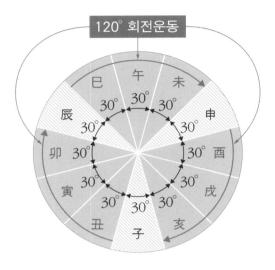

[그림64] 회전대칭으로 형성되는 삼합

90°는 동서남북의 한 방향처럼 독립적인 시공간 단위가 된다. 그러나 회전대칭으로 형성된 삼합은 오행국을 생성하지 않는다. 오행국은 거울대칭을 통한 시간합이 삼합의 중심과 오행양음의 상보결합으로 묶일 때에만 생성된다.

3
삼회의 생성원리

삼회(三會)는 세 개의 인접한 지지가 모여서 하나의 오행 방위를 형성하는 것이다. 이런 오행 방위를 '오행방(五行方)'이라고 부른다. 오행방의 실체는 시공간(時空間)이다. 삼회을 형성하는 세 개의 지지는 십이지지 중 동서남북의 각 방위에서 인접하여 위치한다. 한국에서는 삼회를 '방합(方合)'으로 부르기도 한다.

삼회가 형성하는 큰 오행 방위는 목방(木方), 화방(火方), 금방(金方), 수방(水方) 등의 네 종류가 있다. 木方은 지지 중 寅卯辰이 모여 木의 방위가 된 것이다. 火方은 지지 중 巳午未가 모여 火의 방위가 된 것이다. 金方은 지지 중 申酉戌이 모여 金의 방위가 된 것이다. 水方은 지지 중 亥子丑이 모여 水의 방위가 된 것이다.

삼회가 하나의 오행 방위를 형성하는 이유는 크게 두 가지 때문이다. 첫 번째 이유는 [그림65]처럼 간격이 30°인 지지가 3개 모여서 90°가 되기 때문이다. 90°는 동서남북에서 한 방향이 이루는 각의 크기이다. 따라서 90°가 되는 삼회는 동서남북의 한 방향이 되어 독립적인 시공간 단위가 된다.

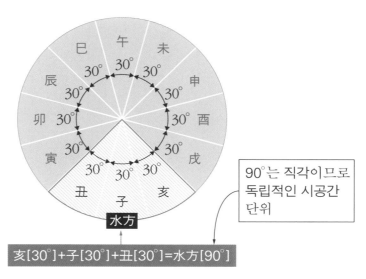

亥[30°]+子[30°]+丑[30°]=水方[90°]

[그림65] 독립적인 시공간 단위가 되는 삼회

두 번째 이유는, [그림66]처럼 삼회에서 가운데 지지가 나머지 두 개의 지지와 동일한 오행을 갖기 때문이다. 특히 삼회에서 가운데 지지가 오행의 (-)가 되고, 나머지 두 개의 지지는 가운데 지지와 동일한 오행의 (+)가 된다. 따라서 삼회에서 가운데 지지와 나머지 두 개의 지지는 동일한 오행 내에서 양음(陽陰)의 상보

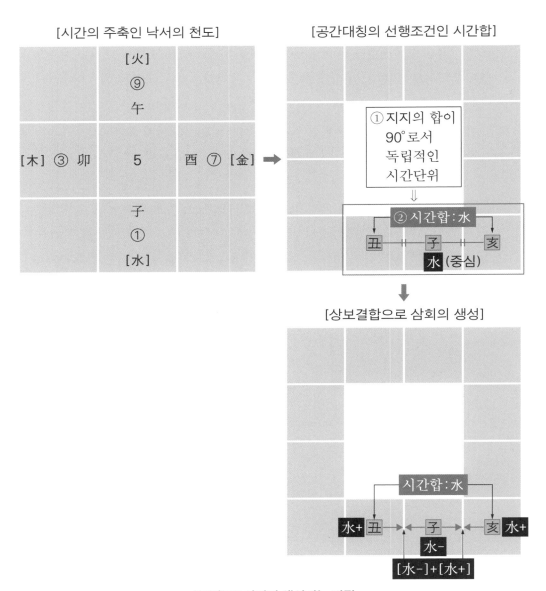

[그림66] 삼회가 생성되는 과정

결합으로 묶이게 된다. 이런 일련의 과정을 아래에서 더 자세히 탐구한다.

[그림66]의 두 번째 그림처럼 亥子丑 삼회에서 亥와 丑은 가운데 지지인 子와 인접해서 위치한다. 이런 현상은 子를 기준점으로 삼아서 亥와 丑이 점대칭을 이루는 것이다. 점대칭은 공간대칭의 일종이므로, 시간합은 선행조건이 된다.

亥와 丑의 시간합은 水가 된다. 亥子丑 삼회가 이미 독립적인 시공간 단위인 90°가 된 상태이다. 따라서 亥와 丑의 시간합은 亥子丑 삼회의 중심인 子의 오행을 쫓아서 水가 된다. 참고로 申子辰 삼합은 공간대칭 중 선대칭으로 발생하므로, 중심인 子에 인접한 亥와 丑의 시간합이 木이 된 것이다.

육합은 거울대칭의 기준선이 子午와 丑未의 사이가 된다. 그러나 삼회는 육합과 다르게 점대칭의 기준점으로서 삼회의 가운데 지지가 참여한다. 특히 삼회의 가운데 지지인 卯午酉子는 낙서에서 천도인 사정방에 위치한다. 시간은 천도에서 생성되고, 공간은 지도에서 생성된다. 따라서 천도에 위치한 〈卯·午·酉·子〉가 중심이 되는 삼회는 시간 즉 오행방이 된다. 또한 삼회는 시간의 근원인 천도에 위치한 〈卯·午·酉·子〉가 중심이 되어 생성되므로, 삼회는 시간이 공간보다 더 상위의 주머니인 시공간으로 기능하는 십이지지에서 형성된다.

삼회의 오행방은 중심인 〈卯·午·酉·子〉에 배당된 오행을 쫓아서 〈木方·火方·金方·水方〉이 된다. 그러므로 삼회를 형성하는 점대칭의 선행조건인 시간합은 하도의 생수 중 土를 제외한 사상만 사용된다. 다시 말해서, 오행의 수직적 배치 중 바탕공간인 土를 제외한 사상이 삼회의 기본단위로 사용된다.

지금까지 살펴본 것처럼, 亥子丑 삼회에서 중심인 子의 오행을 쫓아서 亥와 丑의 시간합은 水가 된다. 따라서 亥子丑 삼회에서 子와 亥丑의 시간합으로 이루어진 두 종류의 水가 존재한다.

삼회는 시공간으로 기능하는 십이지지에서 형성된다. 따라서 亥子丑 삼회에 존재하는 두 종류의 水에 배정되는 양음은 시공간으로 기능하는 십이지지의 특성에 의해서 결정된다.

간지의 상호작용

亥子丑 삼회의 중심인 子는 낙서의 천도에 위치하므로, 낙서의 천도와 양음상보결합(陽陰相補結合)을 형성하기 위해서 〈水−〉이 된다. 또한 亥子丑 삼회에서 亥와 丑의 시간합인 水는, [그림67]의 상단처럼 낙서의 지도에 위치하므로 음양상보결합(陰陽相補結合)을 형성하기 위해서 〈水+〉이 된다.

[낙서에서 시간합의 양음이 결정되는 과정]

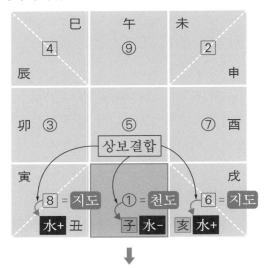

[오행양음의 상보결합으로 생성되는 삼회]

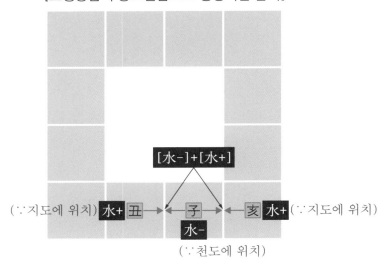

[그림67] 삼회에서 시간합의 양음이 생성되는 과정

亥子丑 삼회에 존재하는 두 종류의 水에 양음이 결정되면, 최종적으로 〈水+〉과 〈水-〉이 상보결합으로 묶이면서 水方이 생성된다. 이런 과정은 [그림67]의 하단을 통해서 압축하여 제시되었다.

亥子丑 삼회에서 子의 〈水-〉과 亥丑의 〈水+〉이 상보결합으로 水方이 생성되는 원리에 입각하여 이 중 두 개의 지지로 이루어지는 반회(半會)의 성립 여부가 결정된다.

亥子丑 삼회에서 오행양음의 상보결합은, 子[水-(수음)]과 亥[水+(수양)]의 조합과 子[水-(수음)]과 丑[水+(수양)]의 조합에는 유지된다. 그러나 亥[水+]과 丑[水+]의 조합은 점대칭으로 양립(兩立)하면서 상보결합이 형성되지 않는다. 따라서 반회는 子亥와 子丑의 조합에서만 성립한다.

지금까지 탐구한 삼회와 삼합을 비교하여 차이점과 공통점을 확인하면, 다음과 같다.

삼회와 삼합의 주된 차이점은 오행의 회전방향이다. [그림68]처럼 삼회는 〈1

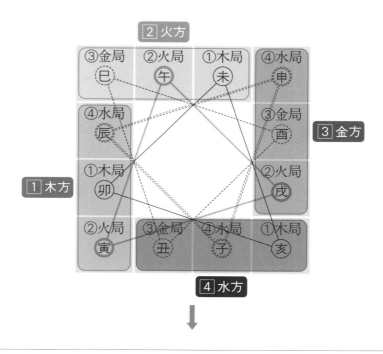

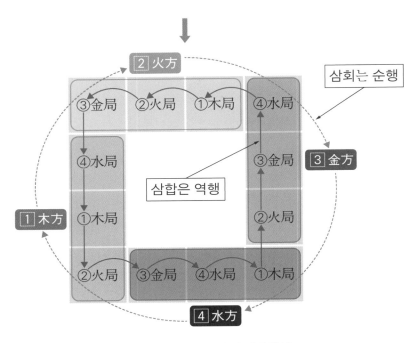

[그림68] 삼회와 삼합에서 오행의 회전방향

木方→②火方→③金方→④水方〉의 순서로 오행 방위를 형성한다. 즉 삼회는 순행으로 오행방을 형성한다. 반면에 삼합은 〈①木局→②火局→③金局→④水局〉의 순서로 오행 세력을 형성한다. 즉 삼합은 역행으로 오행국을 형성한다.

삼회는 주역에서 천도순행하는 십이지지와 동일한 회전방향으로 오행방을 형성한다. 반면에 삼합은 좌표계인 십이지지와 반대로 회전하면서 오행국을 형성한다. 따라서 삼회와 삼합이 하나의 짝으로 사용되는 경우에 삼회는 좌표계인 궁(宮)의 역할을 하고 삼합은 성(星)의 역할을 한다. 즉 삼회의 공간에서 삼합이 성으로서 작동한다.

하도수의 생수는 [그림69]처럼 동일한 오행방과 오행국으로 치환될 수 있다. 예컨대 水를 상징하는 하도수 1은 水方인 亥子丑 삼회로 치환되거나 水局인 申子辰 삼합으로 치환될 수 있다. 이런 경우에도 亥子丑 삼회는 수궁(水宮)의 역할을 수행하고, 申子辰 삼합은 수성(水星)의 역할을 수행한다.

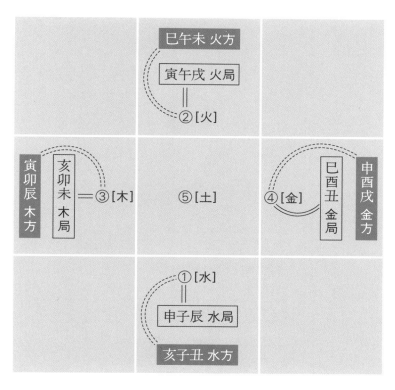

[그림69] 하도수에 대응하는 삼회와 삼합

하도수의 생수가 치환된 삼회와 삼합이 각각 궁과 성으로 사용하는 방식은 형 (刑)과 지장간의 생성에서 사용된다.

삼회와 삼합의 주된 공통점은 참여하는 지지들의 순서수 총합이다. 삼회와 삼 합은 가운데 지지인 〈卯·午·酉·子〉를 기준으로 삼아서 각각 점대칭과 거울대 칭으로 이루어진다. 따라서 [그림70]처럼 삼회에 참여하는 지지들의 순서수 총 합과 삼합에 참여하는 지지들의 순서수 총합은 항상 같다.

삼회와 삼합에 참여하는 지지들의 순서수 총합이 등가(等價)인 것은, [그림 71]처럼 각각의 삼회와 삼합을 통해서 더 확인할 수 있다. 예컨대 水方에 참여하 는 지지들의 순서수 총합은 〈12[亥]+1[子]+2[丑] = 15〉이고, 水局에 참여하는

간지의 상호작용

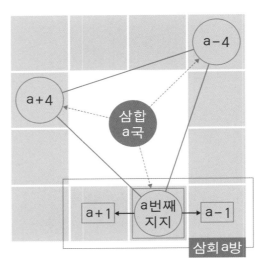

$$삼회 a방 : (a+1)+a+(a-1) = 3a$$
$$삼합 a국 : (a+4)+a+(a-4) = 3a$$

$$\therefore \boxed{삼회 a방의 \ 지지 \ 합} = \boxed{삼합 a국의 \ 지지 \ 합}$$

[그림70] 삼회와 삼합의 등가

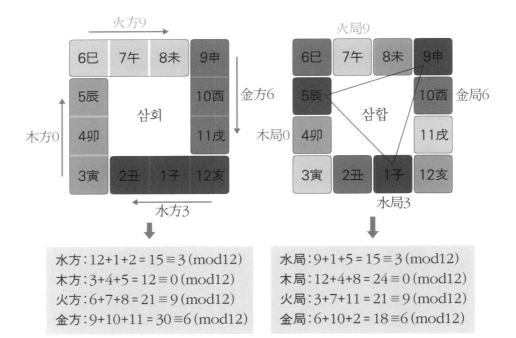

水方 : 12+1+2 = 15 ≡ 3 (mod12)
木方 : 3+4+5 = 12 ≡ 0 (mod12)
火方 : 6+7+8 = 21 ≡ 9 (mod12)
金方 : 9+10+11 = 30 ≡ 6 (mod12)

水局 : 9+1+5 = 15 ≡ 3 (mod12)
木局 : 12+4+8 = 24 ≡ 0 (mod12)
火局 : 3+7+11 = 21 ≡ 9 (mod12)
金局 : 6+10+2 = 18 ≡ 6 (mod12)

[그림71] 지지 순서수의 총합을 통한 삼회와 삼합의 비교

지지들의 순서수 총합은 〈9[申]+1[子]+5[辰] = 15〉이다. 따라서 水方에 참여하는 지지들의 순서수 총합과 水局에 참여하는 지지들의 순서수 총합은 모두 15로서 같다.

참고로 15는 십이지지를 한 바퀴 돈 후에 3개의 지지만큼 더 전진하므로, [그림71]의 水方과 水局에 〈15 ≡ 3(mod12)〉라고 표시하였다.

지금까지 살펴본 삼회와 삼합의 비교는 [표4]에 다시 한 번 압축하여 제시된다.

[표4] 삼회와 삼합의 비교

비교 항목	삼회	삼합
사용되는 공간대칭의 유형	점대칭	선대칭 [=거울대칭]
하도수에 대응되는 용도	궁의 역할 [오행방]	성의 역할 [오행국]
오행의 회전방향	순행	역행
적용되는 십이지지의 유형	시공간으로 기능하는 십이지지	시공간으로 기능하는 십이지지
불완전한 형태	반회	반합

4
형의 생성원리

형(刑)은 사주명리학을 비롯한 각종 술수(術數)에서 등장한다. 형(刑)은 형벌(刑罰)의 단축어로서 죽이고[殺] 벌주는[罰] 것을 의미한다. 따라서 형을 형살(刑殺)로 지칭하는데, 특히 세 개의 지지로 이루어진 寅巳申과 丑戌未를 삼형살(三刑殺)로 부르기도 한다.

형은 고서처럼 다음과 같이 네 가지 종류로 분류된다. 첫 번째는 지세지형(持勢之刑)인 丑戌未 삼형(三刑)이다. 두 번째는 무은지형(無恩之刑)인 寅巳申 삼형이다. 세 번째는 무례지형(無禮之刑)인 子卯 상형(相刑)이다. 네 번째는 자형(自刑)인 辰辰, 午午, 酉酉, 亥亥이다.

형은 하도의 오행 중 수목교역(水木交易)에 의해서 생성된다. 하도의 생수 중 1[水(수)]와 3[木(목)]을 바꾸는 수목교역은 시간대칭 변환이다. 따라서 형은 시간대칭 변환에 의해서 생성된다. 이러한 형의 생성원리에 대해서 다음처럼 더 쉽게 풀어서 탐구한다.

역학에서 사용되는 궁과 성은 '시공간의 역수학(易數學)'에서 도출된다. 시공간의 역수학은 1부터 10까지의 하도수를 사용하여 공간[궁]과 시간[성]을 표시하는 방법을 연구하는 수학(數學)이다.

시공간의 역수학에서는 1부터 10까지의 하도수 중 5를 궁으로 삼고, 5를 제외한 나머지 하도수는 성으로 삼는다. 왜냐하면 5는 하도수의 평균이어서 시간이 흐르지 않기 때문이다. 따라서 5는 시공간의 역수학에서 궁이 된다. 반면에 5를 제외한 나머지 하도수는 평균인 5로부터 편차가 있는 상태이므로 시간의 흐름인 성이 된다.

궁이 되는 5만 [표5]처럼 하도수의 합에서 중복이 허용된다. 반면에 성이 되는 5 이외의 하도수는 합에서 중복이 허용되지 않는다. 다시 말해서, 공간으로 존재하는 5는 모여서 구궁 또는 십이궁처럼 집합체를 형성한다. 그러나 시간인 5 이외의 하도수는 중복되어 합해지면, 대표하는 하나의 숫자로 치환된다.

예컨대 〈1+2 = 3〉은 〈3 = 1+1+1〉이 될 수 없다. 〈1+1+1〉은 세기성질이 되어서 1이 될 뿐이다. 또한 〈1+2+3 = 6〉은 〈6 = 2+2+2〉가 될 수 없다. 〈2+2+2〉는 단지 2가 될 뿐이다.

하도수의 합으로 형성되는 궁의 집합체는, 시공간의 역수학에 입각하여 네 종류가 존재한다. 이런 네 종류는 [표5]처럼 2궁, 3궁, 9궁, 11궁이다.

[표5] 시공간의 역수학

하도수의 합	5의 배수 여부	궁의 개수	궁의 실체
1	해당없음	0	
1+2 = 3	해당없음	0	
1+2+3 = 6	해당없음	0	
1+2+3+4 = 10	10 = 5+5	2개	하도수 10
1+2+3+4+5 = 15	15 = 5+5+5	3개	삼재궁
1+2+3+4+5+6 = 21	해당없음	0	
1+2+3+4+5+6+7 = 28	해당없음	0	
1+2+3+4+5+6+7+8 = 36	해당없음	0	
1+2+3+4+5+6+7+8+9 = 45	45 = 5+5+5+5+5+5+5+5+5	9개	낙서의 9궁
1+2+3+4+5+6+7+8+9+10 = 55	55 = 5+5+5+5+5+5+5+5+5+5+5	11개	하도의 11궁

간지의 상호작용

2궁은 하도의 중앙에 위치한 10으로 만들어지는 천궁(天宮)과 지궁(地宮)이다. 3궁은 삼재궁으로서 〈천궁+인궁(人宮)+지궁〉이다. 9궁은 낙서를 형성하는 아홉 개의 궁이다. 11궁은 하도를 형성하는 열한 개의 궁이다. 특히 하도는 1에서 9까지의 하도수가 위치한 아홉 개의 궁에 중앙의 10을 만드는 천궁과 지궁이 합해져서 열한 개의 궁으로 만들어진다.

시공간의 역수학에 입각하여 생성된 삼재궁은 [그림72]처럼 하도의 생수로 치환된다. 하도의 생수는 [그림72]의 하단처럼 천궁의 5가 3과 2로 나누어지고, 지궁의 5가 1과 4로 나누어져서 생성된다. 특히 역학에서는 3을 삼천(參天), 2를 양지(兩地)라고 부르기도 한다.

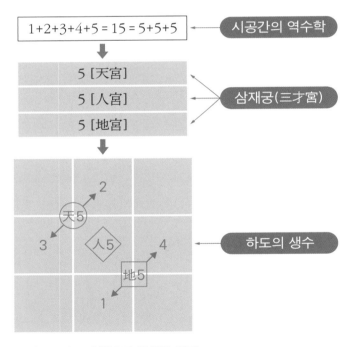

[그림72] 하도의 생수가 발생된 원리

하도의 생수는 [그림73]처럼 천수의 집합인 양둔(陽遁)과 지수의 집합인 음둔(陰遁)으로 나누어진다. 음둔에 속하는 2와 4의 산술평균(算術平均)은 삼천

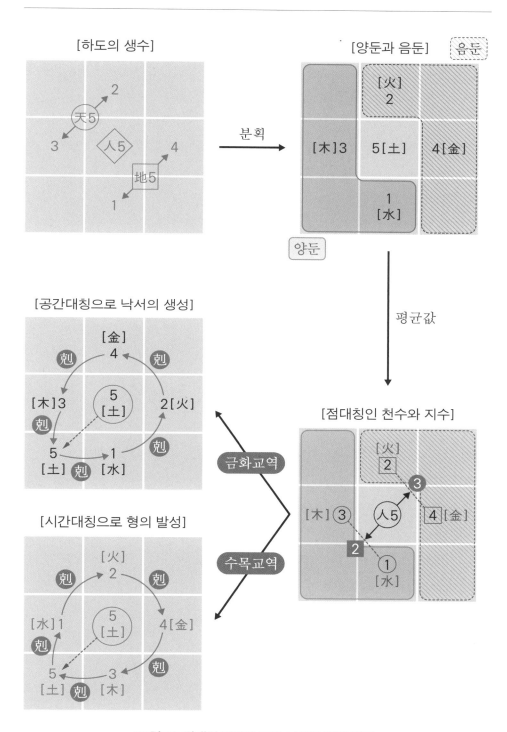

[하도의 생수]

[양둔과 음둔]

[점대칭인 천수와 지수]

[공간대칭으로 낙서의 생성]

[시간대칭으로 형의 발성]

[그림73] 점대칭 변환을 통한 낙서와 형의 생성

간지의 상호작용

즉 3이다. 또한 양둔에 속하는 1과 3의 산술평균은 양지 즉 2이다. 역으로 말해서, 음둔에 속하는 2와 4는 3을 기준점으로 삼아서 점대칭인 관계이다. 또한 양둔에 속하는 1과 3은 2를 기준점으로 삼아서 점대칭인 관계이다.

음둔에 속하는 2와 4를 서로 바꾸는 것이 금화교역(金火交易)이다. 금화교역은 3을 기준점으로 삼아서 점대칭 변환을 시킨 것이다. 또한 양둔에 속하는 1과 3을 서로 바꾸는 것이 수목교역(水木交易)이다. 수목교역은 2를 기준점으로 삼아서 점대칭 변환을 한 것이다.

[그림73]의 하단처럼 금화교역은 공간대칭 변환이고, 수목교역은 시간대칭 변환이다. 낙서는 공간대칭 변환인 금화교역에 의해서 하도로부터 생성된다. 반면에 형은 시간대칭 변환인 수목교역에 의해서 하도로부터 생성된다.

금화교역과 수목교역이 각각 공간대칭 변환과 시간대칭 변환이 되는 이유는, [그림74]와 같다.

금화교역은 삼천[3]을 점대칭 변환의 기준점으로 삼아서 발생한다. 점대칭 변환에서 기준점은 고정되고 대칭을 이루는 두 점이 서로 바뀐다. 시간은 천도에서 발생하므로, 천수인 3을 점대칭 변환의 기준점으로 고정시킨 상태는 시간을 고정시키는 것이 된다. 따라서 금화교역은 시간합의 전제조건에서 성립된 공간대칭 변환이 된다.

금화교역의 기준점인 삼천은 [그림74]의 상단처럼 삼재궁 중 인궁을 만드는 5로부터 도출된 것이다. 이것은 사람의 입장에서 규정되는 시간을 고정시킨 상태에서 금화교역이 발생하는 것임을 알려준다.

수목교역은 양지[2]를 점대칭 변환의 기준점으로 삼아서 발생한다. 점대칭 변환에서 기준점은 고정되고 대칭을 이루는 두 점이 서로 바뀐다. 공간은 지도에서 발생하므로, 지수인 2를 점대칭 변환의 기준점으로 고정시킨 상태는 공간을 고정시키는 것이 된다. 따라서 수목교역은 공간합의 전제조건에서 성립된 시간대칭 변환이 된다.

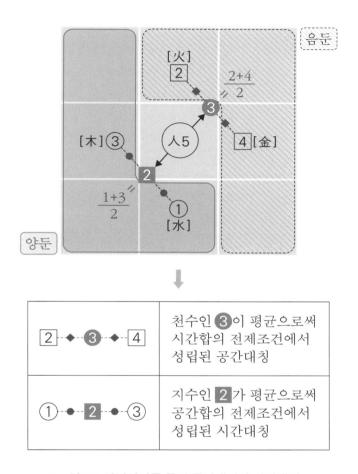

[火]
2

$$\frac{2+4}{2}$$

3

[木] 3

人 5

4 [金]

2

$$\frac{1+3}{2}$$

1
[水]

양둔

2 ◆ 3 ◆ 4	천수인 3이 평균으로써 시간합의 전제조건에서 성립된 공간대칭
1 ● 2 ● 3	지수인 2가 평균으로써 공간합의 전제조건에서 성립된 시간대칭

[그림74] 삼천양지를 통한 공간대칭과 시간대칭

수목교역의 기준점인 양지는 [그림74]의 상단처럼 삼재궁 중 인궁을 만드는 5로부터 도출된 것이다. 이것은 사람의 입장에서 규정되는 공간을 고정시킨 상태에서 수목교역이 발생하는 것임을 알려준다.

하도는 천도를 두병소지에 의한 부찰지리좌표계로 표시한 것이다. 부찰지리좌표계는 하도의 생수 중 같은 공간을 의미하는 지수들로 회전방향이 대표된다. 따라서 천도를 지도로 전환시키기 위해서 하도의 생수 중 지수들인 2와 4가 서로 바뀌게 되었다. 이것이 금화교역의 본질이다.

지금까지 알아본 것처럼 낙서는 공간대칭 변환을 통해서 하도로부터 생성되므로, 하도와 낙서는 각각 천도와 지도로 서로 마주보면서 동시에 존재한다. 특히 공간대칭 변환은 천도와 지도의 회전방향을 반대로 바꾼다. 따라서 [그림75]처럼 하도의 천도순행은 금화교역을 통해서 낙서의 지도역행이 된다.

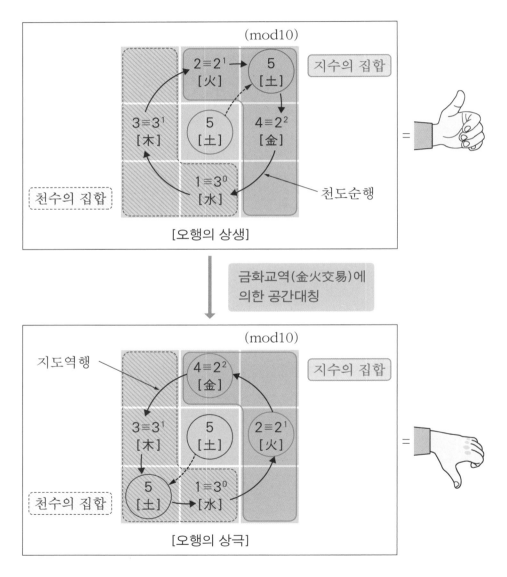

[그림75] 공간대칭으로 생성된 오행의 상극

하도의 천도순행은 오행의 상생(相生)으로 표시되고, 낙서의 지도역행은 오행의 상극(相剋)으로 표시된다. 다시 말해서, 하도에서는 오행이 시계방향으로 회전하면서 〈목생화(木生火)→화생토(火生土)→토생금(土生金)→금생수(金生水)→수생목(水生木)〉를 한다. 반면에 낙서에서는 오행이 반시계방향으로 회전하면서 〈화극금(火剋金)→금극목(金剋木)→목극토(木剋土)→토극수(土剋水)→수극화(水剋火)〉를 한다.

형은 시간대칭 변환을 통해서 하도로부터 생성되므로, 하도와 형은 같은 공간인 천도에서 회전방향만 순행과 역행이 된다. 시간대칭 변환에 의해서 하도로부터 발생한 천도역행이 지리좌표계로 표시되면, [그림76]의 하단처럼 오행의 상극이 순행하는 것이 된다. 다시 말해서 시간대칭 변환에 의해서 생성된 천도역행을 지리좌표계를 사용하여 표시하면, 오행의 상극으로 이루어진 지도순행이 된다.

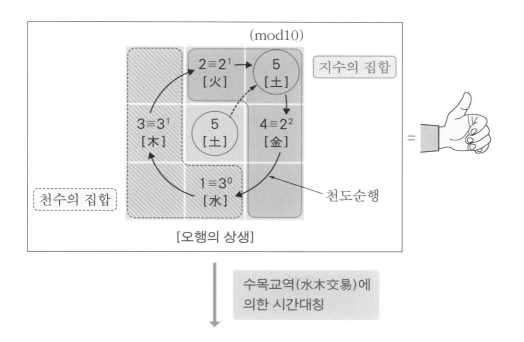

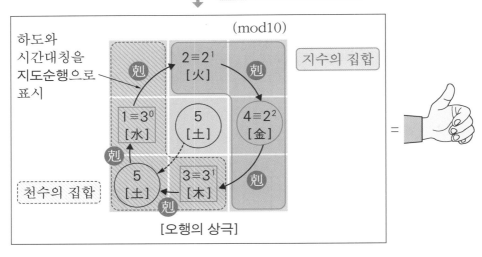

[그림76] 시간대칭으로 생성된 오행의 상극

하도를 시간대칭 변환시킨 것을 지리좌표계로 표시한 지도순행은, [그림77]의 세 번째처럼 바탕공간인 시공간과 회전방향이 동일하다. 따라서 하도의 시간대칭 변환인 지도순행과 바탕공간인 하도의 천도순행 사이에 상보결합이 형성되지 않고, 오히려 마찰열이 발생한다. 일반적으로 바탕공간과 그 안의 성(星)은 회전방향이 서로 반대가 되면서 상보결합을 형성하여 안정화된다.

바탕공간은 천도순행을 표시한 하도의 생수로 이루어진다. 하도의 생수에 대응되는 두병소지는 공간인 방향으로써 시간을 설정하는 독특한 방법이다. 따라서 두병소지로부터 탄생한 시공간은 하도를 시간대칭 변환시킨 지도순행의 바탕공간이 된다.

천도순행인 바탕공간이 그 안에서 성으로 존재하는 지도순행을 척력(斥力, 밀어내려는 힘)으로 마모시키는 현상이, 바로 '형'의 실체이다. 따라서 바탕공간을 형성하는 하도수와 그 안에서 성으로 존재하는 하도수를 각각 삼회와 삼합으로 치환하면, [그림77]의 네 번째처럼 형이 십이지지로 표시된다.

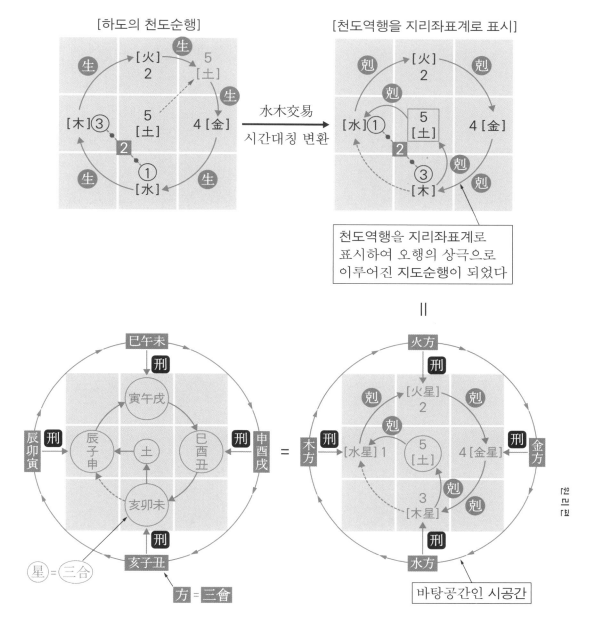

[그림77] 시간대칭으로 형이 발생되는 과정

형을 십이지지로 표시한 최종 형태는 [그림78]이 된다. 亥子丑의 삼회 水方에서 亥卯未의 삼합 木局이 형살로 파괴되고, 寅卯辰의 삼회 木方에서 申子辰의 삼합

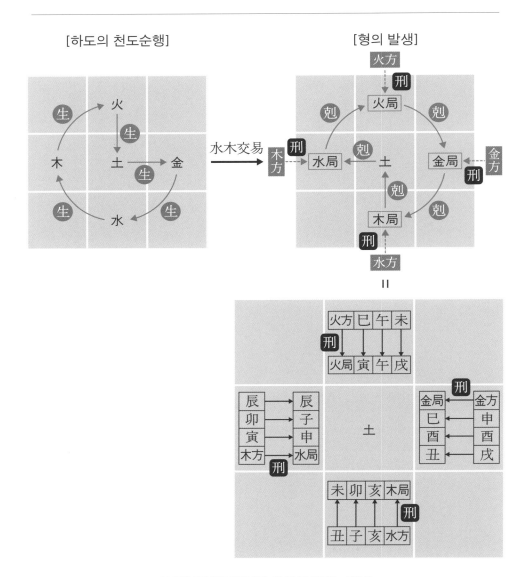

[그림78] 하도로부터 형이 발생되는 원리

水局이 형살로 파괴된다. 또한 巳午未의 삼회 火方에서 寅午戌의 삼합 火局이 형
살로 파괴되고, 申酉戌의 삼회 金方에서 巳酉丑의 삼합 金局이 형살로 파괴된다.

　형은 반드시 공간이 그 안에 머무는 성을 파괴시키는 데 일방적 방향성을 띠
는 비가역적(非可易的) 작용이다. 이러한 방향성으로 인해서 寅巳申, 丑戌未 삼
형은 [그림79]처럼 작용 방향의 순환성을 갖는다.

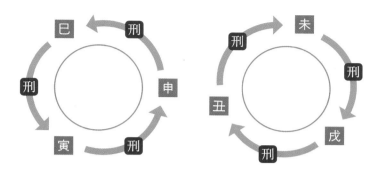

[그림79] 삼형이 갖는 작용 방향의 순환성

형살의 방향성은 『오행대의(五行大義)』卷十一, 「논형(論刑)」의 다음 구절에서도 등장한다.

"지지끼리 서로 형이 되는 것은, 子는 卯에서 형을 당하고, 卯는 子에 형을 당하고, 丑은 戌에서 형을 당하고, 戌은 未에서 형을 당하고, 未는 丑에 형을 당하고, 寅은 巳에 형을 당하고, 巳는 申에서 형을 당하고, 申은 寅에서 형을 당하고, 辰午酉亥는 각각 스스로 형을 당한다. ……

그러나 형은 위와 아래를 갖는데, 寅이 巳에서 형을 당하는 것은 巳가 형의 위가 되고 寅이 형의 아래가 된다. 나머지 예도 모두 같다."

"支自相刑者 子刑在卯 卯刑在子 丑刑在戌 戌刑在未 未刑在丑 寅刑在巳 巳刑在申 申刑在寅 辰午酉亥各自刑. ……

然刑有上下 寅刑在巳者 巳爲刑上 寅爲刑下 餘例悉爾."

5
충의 설계원리

충(沖)은 십이지지에서 오행방향이 정반대인 두 개의 지지가 충돌(衝突)하는 현상이다. 구체적으로 충은 자오충(子午沖), 축미충(丑未沖), 인신충(寅申沖), 묘유충(卯酉沖), 진술충(辰戌沖), 사해충(巳亥沖)의 6종류가 있다. 그래서 충을 '지지충(地支沖)' 또는 '지충(支沖)'이라고도 부른다.

충은 공시간으로 기능하는 십이지지와 시공간으로 기능하는 십이지지에서 모두 발생한다.

공시간으로 기능하는 십이지지에서 충에 참여하는 두 지지는, [그림80]처럼 공간을 상징하는 양음은 동일하고 시간을 상징하는 오행방향만 반대이다. 예컨대 서로 충의 관계인 子와 午는 각각 +水(양수)와 +火(양화)인데, 양음은 모두 +(양)이나 오행방향만 水와 火는 정반대이다.

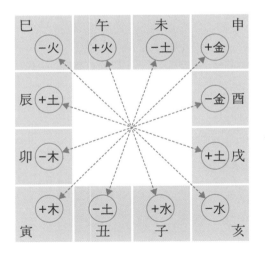

[그림80] 공시간으로 기능하는 십이지지에서 지지충

시공간으로 기능하는 십이지지에서 충에 참여하는 두 지지도 [그림81]처럼

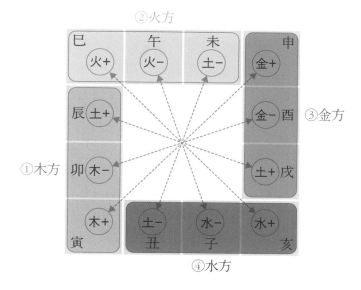

②火方

①木方

③金方

④水方

[그림81] 시공간으로 기능하는 십이지지에서 지지충

공간을 상징하는 양음은 동일하고 시간을 상징하는 오행방향만 반대이다. 예컨대 서로 충의 관계인 子와 午는 각각 水-(수음)과 火-(화음)인데, 양음은 모두 -(음)이나 오행방향만 水와 火로 정반대이다.

지금까지 살펴본 것처럼, 충은 동일한 공간에서 오행이 반대인 두 지지에서 발생한다. 다시 말해서, 충은 공간합의 전제조건에서 시간대칭 관계인 두 지지에서 발생한다.

충의 전제조건인 공간합은, [그림82]처럼 삼재궁인 15의 공간에 충을 형성하는 두 지지가 들어 있음을 의미한다. 충의 관계인 子와 午는 〈1+5+9 = 15 = 5+5+5〉의 삼재궁에 동시에 들어 있으므로, 子와 午는 공간합이 된다.

충을 형성하는 나머지 지지들도 子午와 같은 방식으로 공간합이 된다. 丑과 未 그리고 寅과 申은 〈2+5+8 = 15 = 5+5+5〉의 삼재궁에서 공간합이 된다. 卯와 酉는 〈3+5+7 = 15 = 5+5+5〉의 삼재궁에서 공간합이 된다. 辰과 戌 그리고 巳와 亥는 〈4+5+6 = 15 = 5+5+5〉의 삼재궁에서 공간합이 된다.

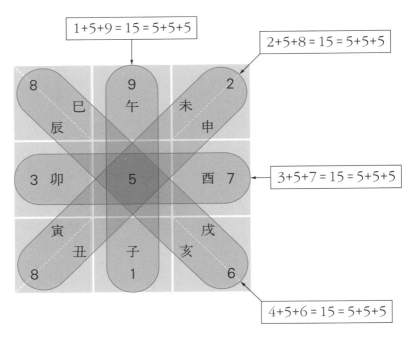

[그림82] 삼재궁인 15의 공간합 속에서 지지충

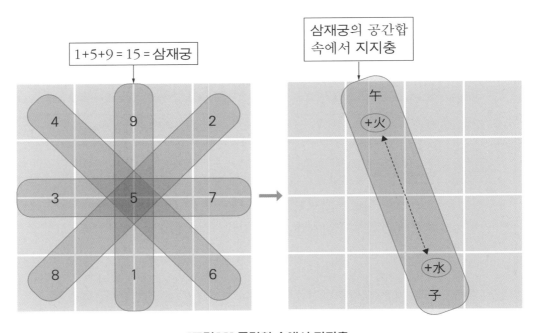

[그림83] 공간합 속에서 지지충

충을 형성하는 두 지지는 공간합의 전제조건에서 [그림83]처럼 오행이 반대가 된다. 오행은 시간을 상징하므로, 오행이 반대인 것은 시간대칭이 된다는 것을 의미한다. 공시간으로 기능하는 십이지지에서 충의 관계인 子와 午는 공간합에 위치하여 양음은 모두 +(양)이 되나, 오행은 水와 火로 시간대칭이 된다

지금까지 탐구한 것처럼, 충은 공간합의 전제조건에서 시간대칭의 관계인 두 지지에서 발생한다. 그러나 시간대칭의 관계인 두 지지에서 충이 발생하려면, [그림84]처럼 시간대칭 변환에 의해서 두 지지가 충돌해야만 된다.

[그림84] 충은 시간대칭 변환에 의한 상쇄

실제로 두 지지 사이에서 충이 발생하면, 오행 세력의 크기가 더 강한 지지가 살아남는다. 예컨대 午가 寅과 함께 반합으로 火局을 형성하는 상황에서 子와 午 사이에 충이 발생하면, 비록 子의 水가 午의 火를 극하지만 세력이 큰 午가 살아남고 子는 소멸된다. 이처럼 충이 발생하면, 오행의 생극(生剋)이 아닌 오행 세력의 크기로 살아남는 지지가 판별된다.

참고로 십이지지궁도 삼재궁과 같은 다른 궁들처럼 각 지지는 하도수 5로 채

워진다. 각 지지궁의 하도수 5가 12개 모아져서 육십갑자가 된다. 따라서 [그림 85]의 상단처럼 각 지지에는 다섯 개의 천간이 결합된다. 예컨대 양의 지지인 子에는 양간(陽干) 다섯 개가 결합되어 甲子, 丙子, 戊子, 庚子, 壬子 등의 간지가 된다. 또한 음의 지지인 丑에는 음간(陰干) 다섯 개가 결합되어 乙丑, 丁丑, 己丑, 辛丑, 癸丑 등의 간지가 된다.

(乙丁己辛癸)巳	(甲丙戊庚壬)午	(乙丁己辛癸)未
(甲丙戊庚壬)辰		(甲丙戊庚壬)申
(乙丁己辛癸)卯		(乙丁己辛癸)酉
(甲丙戊庚壬)寅		(甲丙戊庚壬)戌
(乙丁己辛癸)丑	(甲丙戊庚壬)子	(乙丁己辛癸)亥

[5로 이루어진 지지궁]

[그림85] 5개의 천간이 채워지는 지지궁

6
천간합의 설계원리

천간합(天干合)은 천간의 순서에서 5만큼 떨어진 두 개의 천간이 같은 오행으로 짝을 짓는 현상이다. [그림86]처럼 천간의 순서상 첫 번째인 甲과 여섯 번째인 己는 土로 묶인다. 또한 천간의 순서상 두 번째인 乙과 일곱 번째인 庚은 金으로, 세 번째인 丙과 여덟 번째인 辛은 水로, 네 번째인 丁과 아홉 번째인 壬은 木으로, 다섯 번째인 戊와 열 번째인 癸는 火로 각각 묶인다.

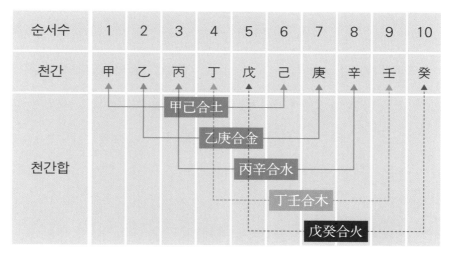

[그림86] 천간합과 천간합화오행

천간합을 다시 간략하게 압축하면, 〈甲己合土·乙庚合金·丙辛合水·丁壬合木·戊癸合火〉가 된다. 또한 甲己合土의 土처럼 천간합이 되는 오행은 '천간합화오행(天干合化五行)'이라고 불린다.

원래 '합(合)'은 같은 시간이나 공간에 위치하거나 만나는 현상을 의미한다. 천간합은 두 개의 천간이 같은 오행의 전제조건에 놓인 현상이다. 오행은 시간단위이므로, 천간합은 시간합의 일종이다. 시간합은 공간대칭의 전제조건이 된다. 따라서 천간합은 공간대칭 중 선대칭인 거울대칭에 의해서 생성된다.

지금까지 탐구한 것처럼, 천간합은 시간합의 전제조건에서 두 개의 천간이 공간대칭을 형성하는 현상이다. 따라서 천간합은 오행의 시공간적 배열에 맞추어 천간이 배정된다.

[그림87]처럼 하도수의 생수가 상징하는 오행의 상생하는 순서 중 土부터 시작하여 순차적으로 열 개의 천간이 배정된다. [그림87]의 오른쪽처럼 ①[土]에 甲, ②[金]에 乙이, ③[水]에 丙이, ④[木]에 丁이, ⑤[火]에 戊가 각각 배정되면서 오행의 상생하는 순서를 한 바퀴 돈다. 다시 ①[土]에 己, ②[金]에 庚이, ③[水]에 辛이, ④[木]에 壬이, ⑤[火]에 癸가 각각 배정되면서 오행의 상생하는 순서를 한 바퀴 돈다.

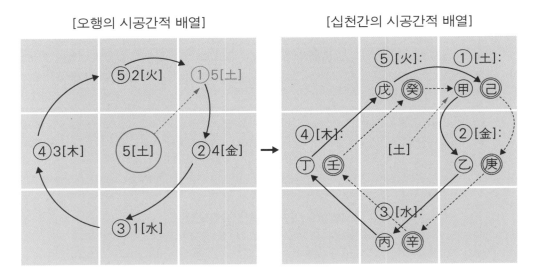

[오행의 시공간적 배열]　　　　　[십천간의 시공간적 배열]

[그림87] 천간합의 생성원리

오행의 시공간적 배열로 천간이 배정되는 현상을 양간(陽干)과 음간(陰干)에 초점을 맞추어 입체적으로 표시하면 [그림88]이 된다. [그림88]에서 양간은 위에 위치하고, 음간은 아래에 위치한다. 또한 천간합은 오행의 시공간적 배열이므로 회전운동 안에서 상하운동을 하면서 천간이 배정되는 것이다. 왜냐하면,

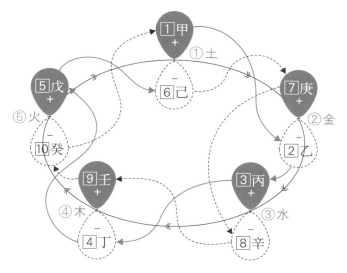

[그림88] 회전운동 안에서 상하운동을 하는 십천간

시공간적 배열은 시간의 큰 주머니 안에 공간의 작은 주머니가 포함되는 배열이기 때문이다. 시간은 회전운동을 하고 공간은 상하운동을 한다.

[그림88]에서 천간의 배정을 보여주는 보조선을 제거하고 간략하게 표시하면 [그림89]가 된다.

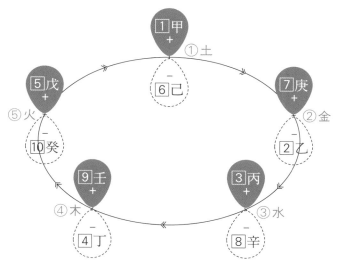

[그림89] 회전상하운동인 천간합

[그림89]처럼 천간합을 간단히 정의하면, 천간합은 오행의 회전상하운동을 따라서 천간을 배정한 것이다.

오행은 시간단위로서 회전운동을 한다. 또한 양음은 공간단위로서 상하운동을 한다. 역학에서는 시공간과 공시간이 모두 사용된다. 시공간은 회전상하운동을 하고, 공시간은 상하회전운동을 한다. 천간합은 시공간의 회전상하운동을 보여주는 대표적인 사례이다. 따라서 천간합은 시공간의 단위가 되므로, 시공간으로 기능하는 십이지지에서 사용된다.

두 바퀴에 걸쳐 회전상하운동을 천간의 배정을 일직선으로 표시하면, [그림90]이 된다. [그림90]처럼 첫 번째 바퀴에 걸쳐 배정된 천간과 두 번째 바퀴에 걸쳐 배정된 천간은, 회전상하운동의 순서대로 거울대칭의 관계가 된다. 첫 번째 바퀴에 걸쳐 배정된 천간은, 〈①甲→②乙→③丙→④丁→⑤戊〉가 된다. 두 번째 바퀴에 걸쳐 배정된 천간은, 〈⑥甲→⑦乙→⑧丙→⑨丁→⑩戊〉가 된다.

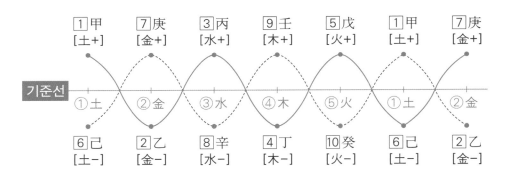

[그림90] 거울대칭의 관계인 천간합

천간합화오행의 순서가 설정되는 원리도 [그림91]처럼 오행의 시공간적 배열에서 도출된다. 오행의 시공간적 배열에서 큰 주머니는 시간 즉 오행의 수평적 배열이 되고, 작은 주머니는 공간 즉 오행의 수직적 배치가 된다. 따라서 큰 주머니인 오행의 수평적 배열 안으로 작은 주머니인 오행의 수직적 배치를 통합시킨 결과가 천간합화오행이 된다.

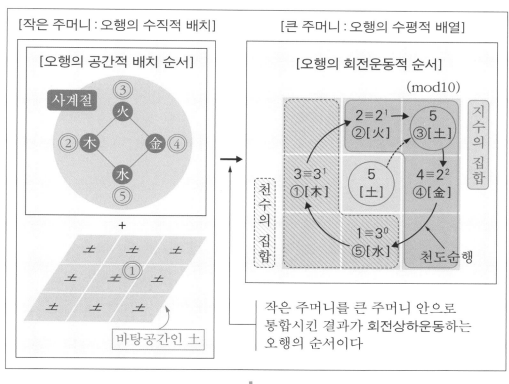

[작은 주머니 : 오행의 수직적 배치]　　　[큰 주머니 : 오행의 수평적 배열]

[오행의 공간적 배치 순서]

사계절

③ 火
② 木　金 ④
⑤ 水

+

바탕공간인 土

[오행의 회전운동적 순서]

(mod10)

$2 \equiv 2^1$ → ⑤ ③[土]
② [火]

천수의 집합

$3 \equiv 3^1$ ① [木]　⑤ [土]　$4 \equiv 2^2$ ④[金]

지수의 집합

$1 \equiv 3^0$ ⑤[水]

천도순행

작은 주머니를 큰 주머니 안으로
통합시킨 결과가 회전상하운동하는
오행의 순서이다

천간합화오행에 사용되는
오행의 순서

[오행의 시공간적 배열 = 천간합화오행의 순서]

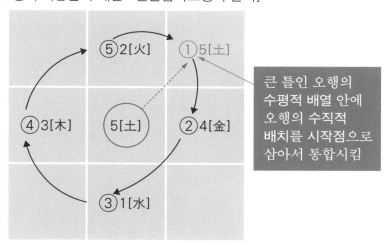

⑤2[火]　①5[土]

④3[木]　5[土]　②4[金]

③1[水]

큰 틀인 오행의
수평적 배열 안에
오행의 수직적
배치를 시작점으로
삼아서 통합시킴

[그림91] 천간합화오행의 생성원리

천간합화오행의 큰 틀은 오행의 수평적 배열이므로, 천간합화오행은 〈木→火→土→金→水〉의 순서를 띤다. 이런 오행의 수평적 배열 안에 오행의 수직적 배치를 출발점으로 삼아서 오행의 시공간적 배열이 생성된다.

오행의 수직적 배치를 출발점으로 삼는 방법은, 수직적 배치의 출발점인 土가 큰 틀인 오행의 수평적 배열에서 시작점이 되는 것이다. 따라서 오행의 시공간적 배열은 〈土→金→水→木→火〉가 된다. 바로 이것이 천간합화오행의 순서가 된다.

참고로 오행의 수직적 배치는 하도수의 생수가 이루는 계층구조로부터 도출된다. 하도수의 생수는 〈3줄×3칸〉으로 이루어진 구궁(九宮)의 지방(地方)이 마름모꼴인 천원(天圓)을 담는 계층구조로 이루어진다. 따라서 오행의 수직적 배치는 〈土→木→火→金→水〉가 된다. 오행의 수직적 배치는 앞의 육합오행과 삼합에서 미리 탐구하였다.

천간합화오행의 순서가 설정되는 원리를 더 쉽게 이해하기 위해서, 오행의 공시간적 배치도 오행의 시공간적 배열과 비교용으로 다음처럼 살펴본다.

오행의 공시간적 배치에서 큰 주머니는 공간 즉 오행의 수직적 배치가 되고, 작은 주머니는 시간 즉 오행의 수평적 배열이 된다. 따라서 큰 주머니인 오행의 수직적 배치 안으로 작은 주머니인 오행의 수평적 배열을 통합시킨 결과가 오행의 공시간적 배치가 된다.

오행의 공시간적 배치에서 큰 틀은 오행의 수직적 배치이므로, 오행의 상생순서는 [그림92]의 상단처럼 〈土→木→火→金→水〉의 순서가 된다. 이런 오행의 수직적 배치 안에 오행의 수평적 배열을 출발점으로 삼아서 오행의 공시간적 배치가 생성된다.

오행의 수평적 배열을 출발점으로 삼는 방법은, 수평적 배치의 출발점인 木이 큰 틀인 오행의 수직적 배치에서 시작점이 되는 것이다. 따라서 오행의 공시간적 배치는 [그림92]의 하단처럼 〈木→火→金→水→土〉가 된다.

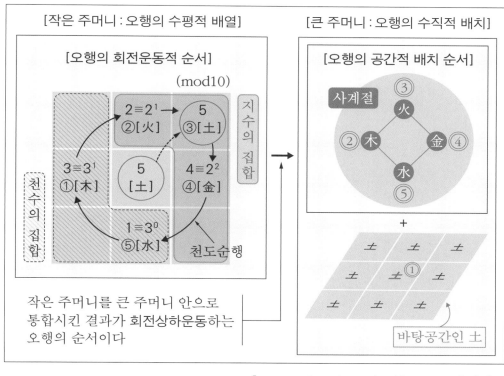

작은 주머니를 큰 주머니 안으로
통합시킨 결과가 회전상하운동하는
오행의 순서이다

공간운동을 하는 큰 틀 안에서
시간운동을 하는 오행의 순서

[오행의 공시간적 배치]

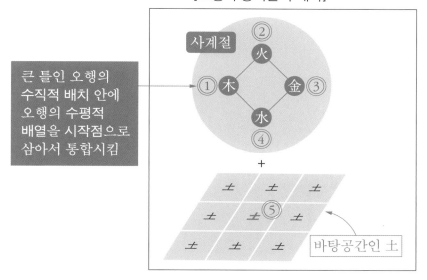

큰 틀인 오행의
수직적 배치 안에
오행의 수평적
배열을 시작점으로
삼아서 통합시킴

[그림92] 공시간적 배치로 오행의 순서가 생성되는 원리

오행은 시간단위로서 수평면에서 회전운동을 한다. 양음은 공간단위로서 수직면에서 상하운동을 한다. 이런 전제조건에서 양음오행처럼 상하운동 안에서 회전운동을 하는 경우도 있고, 오행양음처럼 회전운동 안에서 상하운동을 하는 경우도 있다.

열 개의 천간이 〈木→火→金→水→土〉로 이루어진 오행의 공시간적 배치에 배정되면, [그림93]이 된다. 천간이 오행의 공시간적 배치를 따라서 배정되므로, 열 개의 천간은 상하운동의 큰 틀 안에서 나열된다.

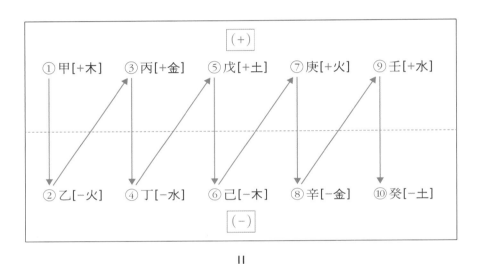

[그림93] 공시간의 운동에 배정된 십천간

오행의 공시간적 운동에 배치된 천간은 수직면 안에서만 움직인다. [그림93]은 오행의 공시간적 배치로 천간이 배정되는 현상을 양간(陽干)과 음간(陰干)에 초점을 맞추어 입체적으로 표시한 그림이다. [그림93]에서 양간은 위에 위치하고 음간은 아래에 위치한다.

오행의 공시간적 운동에 입각하여 생성되는 천간합은 〈甲己合木·乙庚合火·丙辛合金·丁壬合水·戊癸合土〉가 된다.

7
공망의 설계원리

공망(空亡)은 열 개의 천간이 열두 개의 지지와 결합해서 간지를 형성할 때 남는 두 개의 지지를 일컫는다. 예컨대 열 개의 천간과 열두 개의 지지가 한번만 사용된다는 전제조건에서 甲子부터 시작하여 癸酉에 이르면, 戌과 亥는 결합할 천간이 없다. 따라서 이런 경우에는 戌과 亥가 공망이 된다. 다시 말해서, 〈甲子→乙丑→丙寅→丁卯→戊辰→己巳→庚午→辛未→壬申→癸酉→○戌→○亥〉처럼 갑자순(甲子旬)에서는 戌과 亥가 공망이 된다.

'순(旬)'은 10개를 뜻하는 수량단위이다. 갑자순은 甲子부터 시작하여 癸酉로 끝나는 10개의 간지를 통틀어 부르는 용어이다.

[표6]처럼 갑술순(甲戌旬)은 甲戌에서 시작하여 癸未에 이르러 천간이 끝나므로, 申과 酉가 공망이 된다. 갑신순(甲申旬)은 甲申에서 시작하여 癸巳에 이르러 천간이 끝나므로, 午와 未가 공망이 된다. 갑오순(甲午旬)은 甲午에서 시작하여 癸卯에 이르러 천간이 끝나므로, 辰과 巳가 공망이 된다. 갑진순(甲辰旬)은 甲辰에서 시작하여 癸丑에 이르러 천간이 끝나므로, 寅과 卯가 공망이 된다. 갑인순(甲寅旬)은 甲寅에서 시작하여 癸亥에 이르러 천간이 끝나므로, 子와 丑이 공망이 된다.

공망(空亡)은 '천중살(天中殺)'로 불리기도 한다. 또한 공망은 천간의 수량단위인 '순(旬)'을 강조하기 위해서 '순중공망(旬中空亡)'이나 '순공(旬空)'으로 불리기도 한다.

공망이 만들어지는 과정에서 십이지지 중 子부터 천간이 결합해서 甲子부터 시작하므로, 공망은 공시간으로 기능하는 십이지지에서 도출된다. 만약에 공망이 만들어지는 과정에서 십이지지 중 寅부터 천간이 결합해서 甲寅부터 시작했다면, 공망은 시공간으로 기능하는 십이지지에서 도출되었을 것이다. 이처럼 공망은 공간학(空間學)에서 사용된다.

[표6] 공망

순환 주기	60甲子日										空亡
甲子 旬	甲子	乙丑	丙寅	丁卯	戊辰	己巳	庚午	辛未	壬申	癸酉	戌亥
甲戌 旬	甲戌	乙亥	丙子	丁丑	戊寅	己卯	庚辰	辛巳	壬午	癸未	申酉
甲申 旬	甲申	乙酉	丙戌	丁亥	戊子	己丑	庚寅	辛卯	壬辰	癸巳	午未
甲午 旬	甲午	乙未	丙申	丁酉	戊戌	己亥	庚子	辛丑	壬寅	癸卯	辰巳
甲辰 旬	甲辰	乙巳	丙午	丁未	戊申	己酉	庚戌	辛亥	壬子	癸丑	寅卯
甲寅 旬	甲寅	乙卯	丙辰	丁巳	戊午	己未	庚申	辛酉	壬戌	癸亥	子丑

역학의 궁성(宮星)에서 궁은 공간이 되며, 성은 시간이 된다. 따라서 공간학은 궁(宮)의 상태를 다루는 학문이며, 시간학은 성(星)의 상태를 다루는 학문이다.

공간학과 시간학을 비교하면서 더 자세히 탐구한 결과가 [표7]이다. [표7]의 첫 번째 비교항목처럼 공간학에서는 천간성(天干星)이 지지궁(地支宮)의 상태를 결정하고, 시간학에서는 지지궁이 천간성의 상태를 결정한다. 예컨대 공간학에 속하는 공망에서는 천간성이 지지궁의 작동 여부를 결정하고, 시간학에 속하는 천간의 통근에서는 지지궁이 천간성의 세기를 결정한다.

[표7]의 두 번째 비교항목처럼 공간학에서는 공시간으로 기능하는 십이지지를 사용하고 시간학에서는 시공간으로 기능하는 십이지지를 사용한다.

[표7] 공간학과 시간학의 비교

비교대상 / 비교항목	공간학	시간학
궁성론에서 규정 방향	천간성이 지지궁을 규정	지지궁이 천간성을 규정
사용되는 십이지지의 유형	공시간으로 기능하는 십이지지	시공간으로 기능하는 십이지지
사용되는 상호작용의 유형	공망, 육합, 충	삼회, 삼합, 형, 충, 천간합, 천간의 통근
용도	공간의 상태를 해석할 때 사용됨	인간사에 사용됨

[표7]의 세 번째 비교항목처럼 공간학에서는 공망, 육합, 충 등을 사용하여 지지의 상태가 결정된다. 또한 시간학에서는 삼회, 삼합, 형, 충, 천간합, 천간의 통근 등을 사용하여 천간의 세기가 결정된다.

[표7]의 네 번째 비교항목처럼 공간학은 연지(年支), 월지(月支), 일지(日支), 시지(時支) 등이 의미하는 공간의 상태를 해석할 때 사용되고, 시간학은 육친(六親)과 직업(職業) 등의 인간사(人間事)를 해석할 때 사용된다.

지금까지 살펴본 것처럼 공망은 공간학에 속한다. 따라서 사주명리학에서는 일주를 중심으로 공망을 산출한다. 일주가 공간이 발생하는 근원인 지도(地道)의 핵심축이기 때문이다.

지도를 더 잘 이해하기 위해서 천도(天道)와 비교하면, [표8]과 같다. 천도는 지구의 공전에 의해서 발생한다. 따라서 지구의 공전으로 발생하는 연(年)과 월(月)이 천도의 공시간(空時間) 단위가 된다. 반면에 지도는 지구의 자전에 의해

[표8] 천도와 지도의 비교

대상 \ 비교항목	천도	지도
생성 원인	지구의 공전	지구의 자전
공시간 단위	年과 月	日과 時
관찰자와의 관계	관찰자의 위치와 무관	태양과 관찰자의 상대적 위치로 정의됨
하도낙서	하도	낙서
천원지방으로 표시	천원(天圓)	지방(地方)
시간과 공간의 근원	시간의 근원	공간의 근원

서 발생한다. 따라서 지구의 자전으로 발생하는 일(日)과 시(時)가 지도의 공시간 단위가 된다.

일반적으로 사용되는 '천문역법(天文曆法)'처럼 시간은 천문[천도]에서 발생하고, 시간이 운용되는 공간은 지리[지도]가 된다. 따라서 천도는 시간의 근원이 되고, 지도는 공간의 근원이 된다.

특히 사주팔자를 구성하는 간지는 두병소지의 좌표단위이다. 시간좌표계의 근원이 천도인 것은 두병소지를 통해서 월건과 시진을 측정하므로 저절로 드러난다. 두병소지는 술시(戌時)에서 월건을 먼저 표시한 다음에 일주운동하면서 시진을 표시한다. 다시 말해서, 두병소지를 통해서 표시되는 시간좌표계는 천도인 월건이 시발점이 되고, 월건에서 지도인 시진이 도출된다. 이처럼 시간좌표계의 근원은 천도가 된다.

시간좌표계의 근원이 천도가 되는 것과 대조적으로 공간좌표계의 근원은 지도가 된다. 왜냐하면, 두병소지는 지구의 공전효과를 지구의 자전에 의한 부찰지리좌표계에 대응한 방법이기 때문이다. 두병소지는 부찰지리좌표계를 통해서 천도인 월건과 지도인 시진을 모두 표시한다.

시간좌표계의 근원인 천도는 [그림94]의 상단처럼 공간좌표계인 회전축(回轉軸)과 시간좌표계인 회전판(回轉板)으로 구성된다. 월건을 표시하는 두병소지가 한 바퀴 돌면, 1년이 된다. 따라서 두병소지의 중심인 북극성은 지구의 공전축이 대응한 것이 된다. 이런 경우에 두병소지는 지구공전의 회전판이 되고, 두병소지의 중심인 북극성은 지구공전의 회전축이 된다.

북두칠성의 회전운동에서 회전판은 시간좌표계가 되고, 회전축은 공간좌표계가 된다. 회전판은 수평적인 회전운동이므로 오행 즉 시간이 되고, 회전축은 수직적인 상하운동이므로 양음 즉 공간이 되기 때문이다.

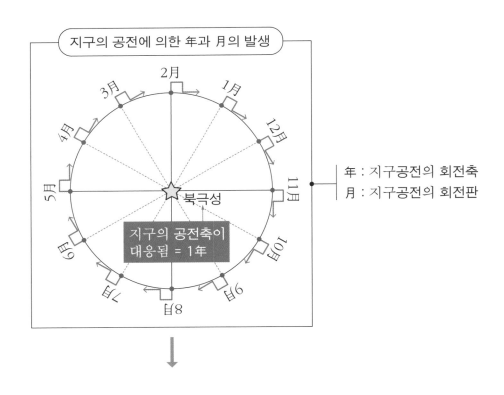

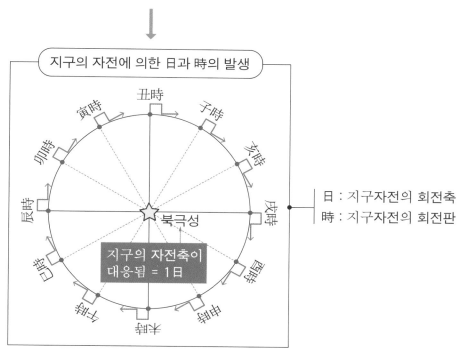

[그림94] 지구의 회전운동에서 회전축과 회전판

공간좌표계의 근원인 지도는 [그림94]의 하단처럼 공간좌표계인 회전축과 시간좌표계인 회전판으로 구성된다. 시진을 표시하는 두병소지가 한 바퀴 돌면, 하루가 된다. 따라서 두병소지의 중심인 북극성은 지구의 자전축이 대응한 것이 된다. 이런 경우에 두병소지는 지구자전의 회전판이 되고, 두병소지의 중심인 북극성은 지구자전의 회전축이 된다.

지금까지 탐구한 시간과 공간의 근원과 좌표계를 다시 정리하면, [그림95]와 같다.

지구의 공전효과인 천도는 시간의 발생근원이 된다. 천도의 내부는 공간좌표계가 되는 지구공전의 회전축과 시간좌표계가 지구공전의 회전판으로 구성된다. 지구공전의 회전축은 연(年)이 되고, 지구공전의 회전판은 월(月)이 된다.

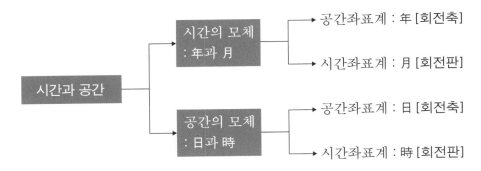

[그림95] 지구의 회전운동에 입각한 시간과 공간의 발생근원

지구의 자전효과인 지도는 공간의 발생근원이 된다. 지도의 내부는 공간좌표계가 되는 지구자전의 회전축과 시간좌표계가 되는 지구자전의 회전판으로 구성된다. 지구자전의 회전축은 일(日)이 되고, 지구자전의 회전판은 시(時)가 된다.

[그림95]에서 천도를 시간으로, 지도를 공간으로 치환하면, [그림96]처럼 시간과 공간이 포함관계로 결합된 4가지의 결합체가 발생된다.

연(年)은 알맹이인 공간이 시간의 겉껍데기로 싸인 시공간이 된다. 월(月)은 알맹이와 겉껍데기가 모두 시간이 된다. 따라서 월은 시간좌표계의 근본골격이 된다. 사주명리학에서는 시간좌표계의 근본골격을 '월령(月令)'이라고 부른다. 이러한 시간좌표계는 시공간좌표계로 확대된다.

일(日)은 알맹이와 겉껍데기가 모두 공간이 된다. 따라서 일(日)은 공간좌표계의 근본골격이 된다. 이처럼 일(日)이 공간좌표계의 근본골격이 되므로, 일을 간지로 표시한 일주좌표계에서 공망이 규정된다. 이러한 공간좌표계는 공시간좌표계로 확대된다. 시(時)는 알맹이인 시간이 공간의 겉껍데기로 싸인 공시간이 된다.

참고로 십이신살(十二神殺)은 공간좌표계인 알맹이 연지(年支)가 삼합을 통해서 시간의 겉옷을 입은 것이다. 이처럼 삼합을 통해서 시간단위 즉 성(星)으로

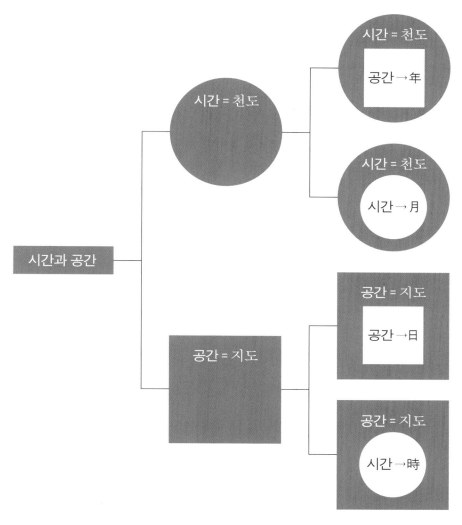

[그림96] 시간과 공간의 결합체인 연월일시

변한 연(年)이 일주좌표계를 투과하여 십이지지에 공간적 영향을 주는 작용을
표시한 것이 십이신살이다. 십이신살 중에서는 역마살(驛馬殺), 화개살(華蓋殺)
등이 널리 알려져 있다.

지금까지 살펴본 것처럼 공망은 공간좌표계의 근본골격 즉 주축(主軸)인 일
주좌표계에서 도출된다. [그림97]처럼 일주좌표계의 갑자순(甲子旬)에서는 戌

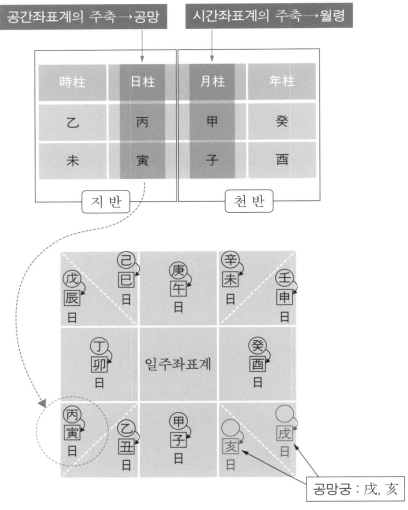

[그림97] 일주좌표계에서 도출되는 공망

과 亥가 공망이 된다. 공망은 시간에너지인 천간성이 없어서 지지궁이 작동을 하지 않고 쉬는 상태를 의미한다. [그림97]에서는 지지궁 중에서 戌宮과 亥宮의 공간상태가 작동을 하지 않고 쉬는 상태이다.

공망은 시간이 없으면, 공간도 작동하지 않는 것을 보여준다. 다시 말해서, 시간이 존재할 때 비로소 공간도 의미를 획득한다.

8
지장간의 설계원리

지장간(支藏干)은 '지지에 숨겨진 천간'이다. 따라서 지장간은 '지지장간(地支藏干)'의 준말이다. 특히 지장간은 천간의 통근을 결정하는 시공간좌표계로 사용된다.

고법명리학에서 삼원(三元) 중 인원(人元)으로 사용된 납음은 신법명리학에서 지장간으로 대체되었다. 삼원은 삼재(三才)와 같은 뜻으로서 〈천원(天元)·지원(地元)·인원(人元)〉으로 구성된다.

고법명리학에서는 연주(年柱)를 중심으로 연간(年干)을 천원, 연지(年支)를 지원, 연주의 납음오행을 인원으로 설정하였다. 반면에 신법명리학에서는 사주(四柱)의 천간을 천원, 지지를 지원, 지장간을 인원으로 본다.

30일로 이루어진 한 달을 표시하는 월지(月支)에 숨겨진 지장간을 '월률분야(月律分野)'로, 월지 이외의 지지에 숨겨진 지장간을 '인원용사(人元用事)'로 각각 부른다. 월률분야와 인원용사는 [표9]처럼 일부의 지지에서 차이가 난다.

[표9] 월률분야와 인원용사의 비교

지지	子	丑	寅	卯	辰	巳	午	未	申	酉	戌	亥
『연해자평』의 월률분야	壬癸	癸辛己	戊丙甲	甲乙	乙癸戊	戊庚丙	丙己丁	丁乙己	己戊壬庚	庚辛	辛丁戊	戊甲壬
『자평삼명통변연원』의 인원용사	癸	癸辛己	戊丙甲	乙	乙癸戊	庚戊丙	己丁	丁乙己	戊壬庚	辛	辛丁戊	壬甲

[표9]에서 월률분야는『연해자평(淵海子平)』「월률분야지도(月律分野之圖)」의 내용을 인용했고, 인원용사는『자평삼명통변연원(子平三命通變淵源)』「지지조화도(地支造化圖)」를 대표로 사용했다. 월률분야와 인원용사도 고서(古書)별로 조금씩 차이가 난다.『연해자평』과『자평삼명통변연원』은 중국 남송(南宋, 1127년~1279년) 시대의 서대승(徐大升)이 저술했다.

[표9]에 보이듯이, 인원용사는 사정방인 〈子·卯·午·酉〉에서 월률분야보다 1개의 지장간이 적다. 또한 亥에서 월률분야로는 戊가 존재하나, 인원용사로는 戊가 없다. 따라서 인원용사는 월률분야에 비해서 각 지지에 지장간이 골고루 분포하지 않는다. 역학은 대칭을 통해서 균형 즉 중화(中和)를 이루므로, 이 책에서는 사주팔자의 모든 지지가 인원용사보다는 월률분야로 이루어진 지장간을 갖고 있다는 공리를 사용한다.

신법명리학은 중국 송(宋, 960년~1279년)나라 초기의 서자평(徐子平, 10세기)에 의해서 시작되었다. 그래서 신법명리학을 '자평명리학(子平命理學)'으로 부르기도 한다. 서자평 이후에 21세기인 현대까지 선현(先賢)들의 연구를 통해서 통용되는 지장간은, [그림98]과 같다.

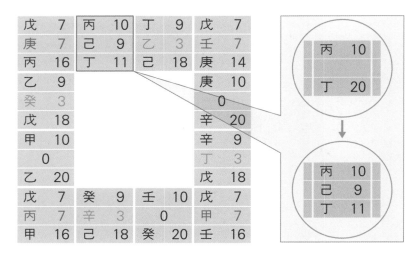

[그림98] 지지별 지장간의 배속 비율

[그림98]에서 각 지지의 가장 위 칸에 위치한 지장간은 '여기(餘氣)'로, 가운데 칸에 위치한 지장간은 '중기(中氣)'로, 가장 아래 칸에 위치한 지장간은 '본기(本氣)'로 각각 부른다. 예컨대 지지 亥는 戊를 여기로, 甲을 중기로, 壬을 본기로 담고 있다. 또한 지지 子는 壬을 여기로, 癸를 본기로 담고 있다. 지지 子는 중기에 해당하는 지장간을 갖지 않는다.

여기는 앞의 지장간이 이어져서 잔존하는 지장간이라는 뜻이고, 본기는 지장간을 담고 있는 지지의 오행양음을 대표하는 본래의 지장간이라는 뜻이다. 중기는 궁의 역할을 하는 여기와 본기의 가운데에 낀 성(星)의 역할을 하는 지장간이라는 뜻이다. 이처럼 지장간은 오행양음 즉 시공간좌표계로 구성된다.

여기는 바로 앞 지지의 본기가 이어져서 잔존하는 지장간이므로, [그림99]처럼 궁의 역할을 하는 본기와 여기는 공통된 천간으로 연결고리의 역할을 한다. 다시 말해서, 본기와 여기는 십이지지 좌표계를 연결시키는 매개체가 된다.

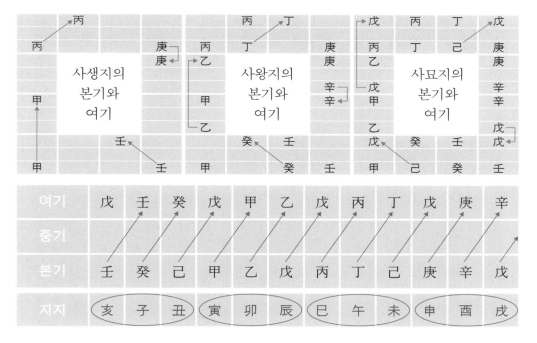

[그림99] 지장간의 연결구조

[그림99]에서 亥의 본기인 壬은 子의 여기인 壬으로 연결되고, 子의 본기인 癸는 丑의 여기인 癸로 연결된다. 丑의 본기인 己는 寅의 여기인 戊로 연결되고, 寅의 본기인 甲은 卯의 여기인 甲으로 연결된다. 나머지 지지들의 본기와 여기도 같은 방식으로 연결된다.

[그림99]에서 사생지(四生地)는 삼합이 시작되는 지지로서 〈寅·巳·申·亥〉를, 사왕지(四旺地)는 삼합의 가운데 지지로서 〈子·卯·午·酉〉를, 사묘지(四墓地)는 삼합의 마지막 지지로서 〈丑·辰·未·戌〉을 각각 지칭하는 용어이다.

본기와 여기를 통한 지장간의 연결구조에서 두 곳이 예외적이다. 첫 번째 예외는, 寅의 여기로서 丑의 본기인 己가 아니고 戊가 되는 현상이다. 두 번째 예외는, 申의 여기로서 未의 본기인 己가 아니고 戊가 되는 현상이다.

寅과 申의 여기로서 己가 아닌 戊가 되는 이유는 [그림100]과 같다. 낙서에서 사우방은 지도(地道)이다. 〈寅·巳·申·亥〉는 오행방(五行方) 중 지도인 사우방에 첫 번째로 위치하는 지지이다. 따라서 〈寅·巳·申·亥〉에 담겨지는 여기와 중기는 모두 양의 천간이 된다. 반면에 〈辰·未·戌·丑〉는 오행방 중 지도인 사우방에 두 번째로 위치하는 지지이다. 따라서 〈辰·未·戌·丑〉에 담겨지는 여기와 중기는 모두 음의 천간이 된다. 참고로 낙서에서 천도(天道)인 사정방의 〈子·卯·午·酉〉는 중기를 갖지 않는다.

위의 내용을 다시 정리하면 다음과 같다. 방원 구조인 낙서에서 지도인 사우방에 위치한 〈寅·巳·申·亥〉와 〈辰·未·戌·丑〉만 삼합으로 배치되는 중기를 갖는다. 오행방 중 지도에 위치한 지지에만 초점을 맞추면, 〈寅·巳·申·亥〉와 〈辰·未·戌·丑〉는 각각 첫 번째와 두 번째에 위치한다. 첫 번째는 양(陽)인 홀수 번째이고, 두 번째는 음(陰)인 짝수 번째이다. 따라서 오행방 중 지도인 사우방에 첫 번째로 위치한 〈寅·巳·申·亥〉에 담겨지는 여기와 중기는 모두 양의 천간이 되고, 두 번째로 위치한 〈辰·未·戌·丑〉에 담겨지는 여기와 중기는 모두 음의 천간이 된다.

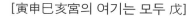
[寅申巳亥宮의 여기는 모두 戊]

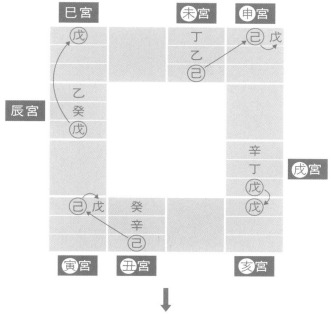

[낙서에서 사우방인 지도]

[그림100] 寅申巳亥宮의 여기가 모두 戊인 이유

지금까지 탐구한 것처럼 〈寅·巳·申·亥〉에 담겨지는 여기는 모두 양의 천간이 되므로, 寅과 申의 여기로서 己가 아닌 戊가 된다.

여기의 양과 음이 오행방을 바탕공간으로 삼아서 설정되는 것은, [그림101] 처럼 지장간은 오행방과 오행국을 기본골격으로 삼았다는 것을 보여준다.

[궁성으로 표시된 지장간의 기본골격]

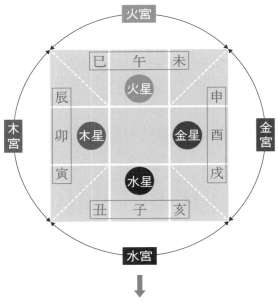

[방국으로 표시된 지장간의 기본골격]

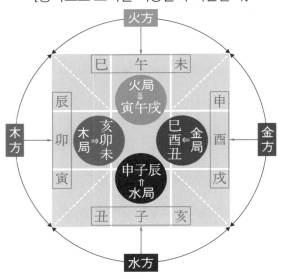

[그림101] 지장간의 기본골격

[그림101]처럼 오행방은 삼회로 치환되고, 오행국은 삼합으로 치환된다. 삼회는 본기와 여기를, 삼합은 중기를 각각 생성한다.

水方은 亥子丑으로 치환되어 亥의 본기 壬, 子의 여기 壬과 본기 癸, 丑의 여기 癸와 본기 己를 생성한다. 또한 궁의 역할을 하는 水方 안에 담겨지는 성(星)인 水局은 申子辰 삼합으로 펼쳐진다. 따라서 水局은 子의 여기인 壬을 중심으로 역행[반시계방향]으로 申의 중기 壬, 辰의 중기 癸를 생성한다. 다른 오행방과 오행국도 水方과 水局처럼 지장간의 본기와 여기, 중기를 각각 생성한다.

참고로 삼합은 지지를 천간처럼 천도화(天道化)하는 장치이다. 따라서 삼합은 낙서에서 천도인 〈子·卯·午·酉〉를 중심으로 잡은 후에 선대칭을 통해서 생성된다.

궁이 되는 오행방은 순행[시계방향]으로 지장간의 본기와 여기를 생성한다. 반면에 궁 안에서 성이 되는 오행국은 [그림102]처럼 역행으로 지장간의 중기를 생성한다.

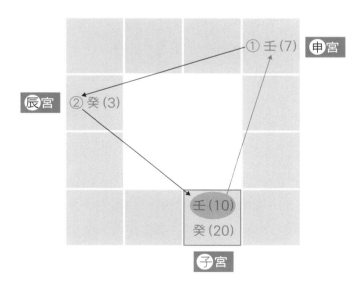

[그림102] 삼합으로 배치되는 지장간의 역행

삼합의 생성원리인 선대칭에 입각하여 子의 오행인 水로부터 출발하여 〈(丑-亥 木)→(寅-戌 火)→(卯-酉 金)→(辰-申 水)〉가 된다. 따라서 申子辰 삼합에서 중심인 子와 申-辰은 같은 오행인 水로 시간합이 된다.

水局을 통한 중기의 생성도 시간합을 이용한다. [그림102]처럼 삼합에서 중심인 子로부터 역행으로 申의 중기에 壬을 7일 동안 배속시키고, 다시 辰의 중기에 癸를 3일 동안 배속시킨다.

申의 중기에 壬을 7일, 辰의 중기에 癸를 3일 동안 각각 배속시키는 이유는 삼합이 지지를 천간처럼 천도화하는 장치이기 때문이다. 천도화한 삼합의 申-辰과 子는 시간합 즉 같은 水이다. 특히 申-辰은 子의 본기 癸보다 여기 壬과 같다. 천도화한 삼합은 子의 지장간 중 음간보다 양간에 더 부합되기 때문이다. 공간에서 천도는 양(陽)에 부합하고, 지도는 음(陰)에 부합한다.

子는 여기 壬과 본기 癸를 지장간으로 담고 있다. 子에 대응된 30일을 여기인 양간과 본기인 음간으로 나누어서 지장간의 배속일수(配屬日數)를 정하면, 양간[壬]과 음간[癸]의 비율은 〈1:2〉가 될 수밖에 없다. 양간은 천수[홀수]에 대응하고, 음간은 지수[짝수]에 대응하기 때문이다.

申子辰 삼합에서 申-辰의 중기는 子의 여기인 壬에 부합한다. 따라서 申-辰의 중기 배속일수는 子의 여기인 壬과 같은 10일이 된다. 다시 子의 여기인 壬의 배속일수 10일을 나누어서 申의 중기인 壬에게 7일을, 辰의 중기인 癸에게 3일을 배속시킨다. 10을 천수의 합으로 표시하면, 〈10 = 5+5 = 9+1 = 7+3〉이 된다. 이 중에서 하도수의 평균인 5로부터 첫 번째로 편차가 발생하는 천수는 3과 7이다. 따라서 〈10 = 7+3〉에 부합하도록 申의 중기인 양간 壬에게 7일을, 辰의 중기인 음간 癸에게 3일을 배속시킨다. 만약에 〈10 = 9+1〉을 이용하여 申의 중기인 양간 壬에게 9일을, 辰의 중기인 음간 癸에게 1일을 배속시키면 양간과 음간의 편차가 매우 커져서 균형을 상실한다.

지금까지 탐구한 지장간의 기본골격을 이루는 오행방과 오행국을 통해서 지장간 배속비율의 설정원리를 규명하면, [그림103]이 된다. [그림103]처럼 水方과 水局의 지장간이 생성되는 과정을 표시한 원문자를 쫓아서 지장간 배속비율의 설정원리를 순차적으로 알아본다.

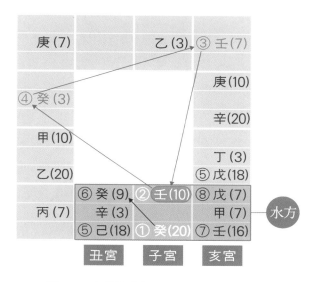

[그림103] 지장간 배속 비율의 설정원리

① 子의 본기인 음간 癸는 지지에 대응된 30일 중 20일을 차지한다. 이러한 이유는 이미 앞에서 규명하였다.

② 子의 여기인 양간 壬은 지지에 대응된 30일 중 10일을 차지한다. 이러한 이유는 이미 앞에서 규명하였다.

③ 申子辰 삼합에서 역행으로 첫 번째 생성된 申의 중기인 壬은 7일을 차지한다. 이러한 이유는 이미 앞에서 규명하였다.

④ 申子辰 삼합에서 역행으로 두 번째 생성된 辰의 중기인 癸는 3일을 차지한다. 이러한 이유는 이미 앞에서 규명하였다.

간지의 상호작용

⑤ 시공간좌표계에서 水方의 마지막 지지인 丑은 土-이므로, 丑의 본기는 己이다. 丑의 본기는 18일을 차지한다. 이러한 이유는 다음과 같다.

1년은 12개월 즉 십이지지로 구성된다. 한 달은 30일로 이루어지며, 이러한 30일이 각 지지에 대응된다. 따라서 1년은 360일로 구성된다. 360일을 오행으로 나누면, 72일이 된다. 다시 72일을 〈목방(木方)·화방(火方)·금방(金方)·수방(水方)〉의 사방(四方)에 골고루 분포시키면, 〈72일÷4방 = 18일〉이 된다. 오행 중 土도 1년 중 72일을 차지하기 위해서 사방에 18일씩 배속되어야 한다. 결과적으로 〈목방(木方)·화방(火方)·금방(金方)·수방(水方)〉의 마지막 지지인 〈辰·未·戌·丑〉의 본기는 모두 18일의 배속일수를 갖는다.

⑥ 丑에서 본기 己는 18일이 되고, 중기 辛은 巳酉丑 金局의 음간이므로 3일이 된다. 따라서 丑에서 여기 癸의 배속일수는 9일이 된다. 癸의 배속일수는 〈丑에 대응하는 30일-본기의 18일-중기의 3일 = 9일〉이 되기 때문이다.

⑦ 亥의 본기 壬의 배속일수는 16일이 된다. [그림104]처럼 水方과 水局에 참여하는 양간 壬과 음간 癸의 배속일수를 각각 3[삼천(參天)]과 2[양지(兩地)]의 비율로 맞추기 위해서이다.

水方과 水局에 참여하는 음간 癸의 배속일수를 먼저 합하면, 32일이 된다. 32일은 〈子의 본기 20일+丑의 여기 9일+辰의 중기 3일〉의 합계이다. 水方과 水局에 참여하는 음간 癸의 배속일수인 32일과 균형을 맞추기 위해서 양간 壬의 배속일수는 33일이 되어야 한다.

지장간은 열 개의 천간으로 형성되므로, 순환주기가 10이 된다. 따라서 음간 癸의 배속일수인 32일을 순환주기인 10으로 나누면, 나머지가 음(陰)을 대표하는 2, 즉 양지가 된다. 같은 방식으로 壬의 배속일수를 순환주기인 10으로 나누면, 나머지가 양(陽)을 대표하는 3, 즉 삼천이 되어야 한다.

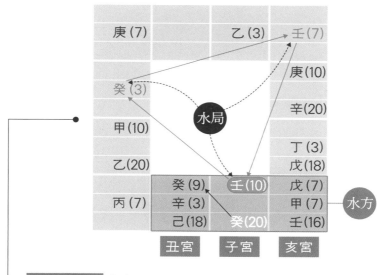

水方과 水局에서

(1) 水+인 壬 = 16[亥宮 본기] + 10[子宮 여기] + 7[申宮 중기] = 33
(2) 水−인 癸 = 20[子宮 본기] + 9[丑宮 여기] + 3[辰宮 중기] = 32
(3) 土 = 7[亥宮 여기 戊] + 18[丑宮 본기 己] = 25

10으로 나눈 나머지로 표현하면, 壬 : 癸 : 土 = 3 : 2 : 5 = 參天 : 兩地 : 太極

[그림104] 寅申巳亥宮의 본기가 16일이 되는 이유

水方과 水局에 참여하는 양간 壬의 배속일수가 33일이 되어야 한다는 균형의 원리에 입각하면, 〈亥의 본기〉 = 〈33일 − 子의 여기 10일 − 申의 중기 7일〉 = 16일이 된다.

⑧ 亥에서 본기 壬은 16일이 되고, 중기 甲은 亥卯未 木局의 양간이므로 7일이 된다. 따라서 亥에서 여기 戊의 배속일수는 7일이 된다. 여기 戊의 배속일수는 〈亥에 대응하는 30일 − 본기의 16일 − 중기의 7일 = 7일〉이 되기 때문이다.

참고로 [그림104]처럼 水方과 水局에 참여하는 土의 배속일수는 25일이 된다. 왜냐하면, 土의 배속일수는 〈亥의 여기 戊 7일 + 丑의 본기 己 18일 = 25일〉이

간지의 상호작용

되기 때문이다. 따라서 水方과 水局에 참여하는 양간 壬, 음간 癸, 土의 배속일수 비율은 〈양간 壬 : 음간 癸 : 土 = 33 : 32 : 25〉가 된다. 다시 이런 비율을 순환주기인 10으로 나눈 나머지는 〈양간 壬 : 음간 癸 : 土 = 3 : 2 : 5 = 삼천 : 양지 : 태극〉이 된다.

지장간은 궁인 지도가 성인 천도를 담는 방원구조로 만들어졌다. 지장간의 배치에서 방원구조는 크게 세 가지 형태로 구현된다. 지장간의 배치에서 구현된 방원구조를 水方과 水局을 예로 들어서 살펴보면 다음과 같다.

첫 번째 방원구조는 水方에서 낙서의 지도에 해당하는 亥와 丑 사이에 천도에 해당하는 子가 끼이는 현상이다.

두 번째 방원구조는 지도의 좌표계 역할을 하는 여기와 본기 사이에 천도의 성(星) 역할을 하는 중기가 삼합으로 담겨지는 현상이다.

세 번째 방원구조는 水方과 水局에서 첫 번째 지장간인 亥의 여기가 戊土이고 마지막 번째의 지장간인 丑의 본기가 己土가 된 것이다. 이렇게 처음과 끝에 지도인 土가 위치하여 중간에 양간 壬과 음간 癸를 담고 있다.

참고로 亥의 여기 戊를 水方으로 간주하면, 水方과 水局의 배속일수도 土처럼 72일이 된다. 水方과 水局의 배속일수 합계는 〈양간 壬의 33일+음간 癸의 32일+亥의 여기 戊 7일 = 72일〉이 된다.

지금까지 대표로 제시한 水方과 水局과 동일한 방식으로 木方과 木局, 火方과 火局, 金方과 金局 모두에서 지장간이 생성된다. 단, [그림105]처럼 火方의 午宮 본기 丁은 중기 己에게 9일의 배속일수를 나누어준다. 왜냐하면, 화토동궁(火土同宮)의 원칙에 의해서 낙서의 전체바탕이 되는 10이 火方의 천도인 午宮에 성(星)인 중기 己로 참여하기 때문이다. 역학에서는 전체가 세기성질로 부분에 담겨지기도 한다.

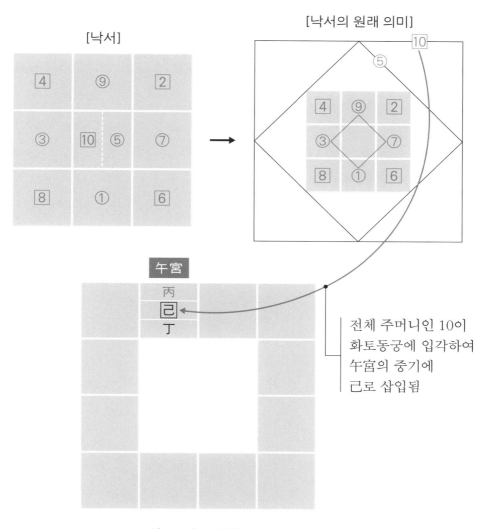

[그림105] 午宮의 중기 己가 존재하는 이유

[그림105]의 [낙서의 원래 의미]에 보이는 것처럼, 낙서에서는 전체바탕이 지수인 10이 된다. 이러한 10 안에 천수 5가 담겨지고, 다시 5 안에 지수인 〈2, 4, 8, 6〉이 담겨진다. 마지막으로 지수인 〈2, 4, 8, 6〉 안에 천수인 〈1, 3, 9, 7〉이 담겨진다.

원래 午에서 본기 丁의 배속일수는 20일이다. 이러한 본기 丁이 중기 己한테 배속일수 20일 중 9일을 나누어준다. 결과적으로 午에서 여기 丙, 중기 己, 본기

丁의 배속일수는 각각 10일, 9일, 11일이 된다. 이처럼 午에서 배속일수 20일을 9일과 11일로 나눈 것은, 낙서에서 상방(上方, 남방)에 9가 위치하고 하방(下方, 북방)에 1이 위치한 것을 본뜬 것이다.

11일을 순환주기 10으로 나누면, 나머지가 1이 된다. 午의 중기 己와 본기 丁의 배속일수 비율은 〈중기 己 : 본기 丁 = 9 : 11〉이다. 배속일수를 10으로 나눈 나머지의 비율로 표현하면, 〈중기 己 : 본기 丁 = 9 : 1〉가 된다. 이것은 낙서의 〈9[상방] − 5[중앙] − 1[하방]〉을 본떠서 원래 20일인 본기 丁이 상하로 나누어지면서 〈상방의 중기 己 : 하방의 본기 丁 = 9 : 1〉이 되었기 때문이다. 참고로 각각의 오행국이 〈子·卯·午·酉〉를 중심으로 삼합을 형성할 때, 오른쪽[西] 지지의 중기와 왼쪽[東] 지지의 중기에 각각 7일과 3일의 배속일수를 갖는 것은, 낙서의 〈7[右, 西] + 5[중앙] + 3[左, 東]〉인 수평적 태극공간을 본뜬 것이다.

주역의 후천팔괘에서
각 괘의 양음오행이 정해진 원리

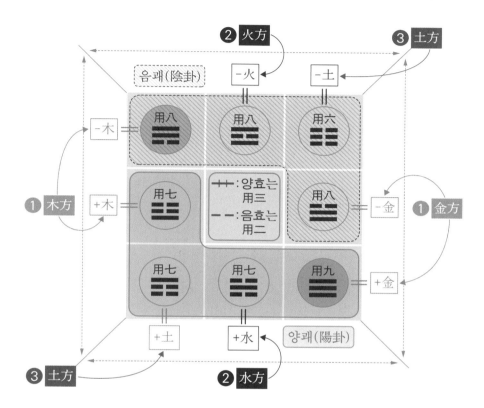

양괘와 음괘의 큰 주머니 안에 위치하는 사방(四方)의 오행으로 후천팔괘의 양음오행을 설정하면, 木方과 金方에만 양괘와 음괘가 모두 존재한다. 火方과 木方에 양다리를 걸친 손괘가 이미 木方에 속해서 -木이 되므로, 火方에는 음의 오행만 존재한다.

火方에 속하는 음괘인 이괘와 곤괘 중 사정방에 위치한 이괘가 더 火方을 대표한다. 따라서 이괘는 -火가 된다. 火方과 동일한 원리로 水方의 감괘가 +水가 된다. 나머지 간괘와 곤괘는 土에 배당되어 각각 +土와 -土가 된다.

Four Pillars of Destiny
in Scientific Inquiry

2부　사주명리학을 통한 시공간의 해석법

2부에서는 사주명리학의 상수학적 설계원리에서
자동으로 도출된 실증적 해석법을 다음처럼 두 개의
장(章)을 순차적으로 밟으면서 제시하였다.

1장에서는 천간의 통근(通根)을 시공간의 단위인
오행양음(五行陽陰)에 입각하여 규정하는
수학과학적(數學科學的) 원리를 규명하였다. 또한
통근처의 위치에 입각한 해석법을 제시하였다.

2장에서는 사주체(四柱體)의 시공간 계층구조가
생성되는 과정과 응용된 해석법을 탐구하였다.
첫 번째로 공시간 계층구조에 입각한 사주팔자의
생성과정과 시공간 계층구조에 입각한 사주팔자의
생성과정을 규명하였다. 특히 시공간 계층구조에
입각하여 순차적으로 생성된 연주, 월주, 일주,
시주를 각각 '근묘화실(根苗花實)'이라고 부른다.
근묘화실은 사주체를 해석하는 순서와 방법이 된다.
두 번째로 시공간 계층구조를 통해서 '택지향(宅之向)
묘지혈(墓之穴)'의 물리적 실체를 규명하였다.
'택(宅)'인 월령(月令)은 시공간 계층구조의 바탕이
되고, '묘(墓)'인 시주궁(時柱宮)은 시공간 계층구조가
담겨지는 최종적인 크기공간이 된다.

1 장

천간의 통근

사주팔자(四柱八字)로 천명(天命)을 추론하는 것은, 사주체의 바탕인 월령 (月令)에 놓인 지장간에 뿌리를 내린 만큼 역량을 갖는 일간(日干)이 나머지 천 간과의 관계 속에서 생존하는 방식을 해석하는 것이다.

일간이 뿌리를 내리는 것은 '통근(通根)'이라고 부른다. 통근은 일간과 동일한 오행양음(五行陽陰) 즉 똑같은 천간에 해당하는 지장간이 존재하는 것을 의미 한다. 예컨대 일간 丙이 시지(時支) 寅의 지장간 중 중기인 丙에 통근한다. 일간 의 개념을 전체로 확장하여 연간(年干), 월간(月干), 일간, 시간(時干)이 각각 같 은 천간에 해당하는 지장간을 보게 되면, 그 천간은 통근하게 된다.

'통근'이란 용어는 다음과 같은 자평명리학 계열의 많은 책에 등장한다.

첫 번째로 중국의 송(宋, 960년~1279년)나라 초기 사람인 서자평(徐子平)이 자평명리를 정립한 이후에 13세기경 남송(南宋) 말기 사람인 서대승(徐大升)이 저술한 『연해자평』 권사(卷四) 「십간체상(十干體象)」에 나오는 다음 구절에서 통근이란 단어가 보인다.

"《辛》…… 록(祿)에 앉아서 신왕지(身旺地)에 통근하면, 어찌 후중한 토(土)가 그것의 형상(形狀)을 매몰(埋沒)시키는 것을 근심하겠는가?"

"《辛》…… 坐祿通根身旺地, 何愁厚土沒其形."

두 번째로 원말(元末) 명초(明初)의 유백온(劉伯溫, 1311~1375)이 저술한 자평명리의 대표적인 고전(古典)인 『적천수(滴天髓)』「논천간(論天干)」에 나오는 다음 구절에서 통근이란 단어가 보인다.

"통근하여 계(癸)를 투간(透干)시키면, 하늘을 찌르고 땅을 향해 급히 달려간다 [물이 범람하여 수해(水害)를 입는다]."

"通根透癸 沖天奔地"

위에서 이미 언급했듯이, 『연해자평』과 『적천수』 이외에도 『명리정종(命理正宗)』, 『자평진전(子平眞詮)』, 『명리약언(命理約言)』 등 자평명리학 계열의 여러 고전에서 통근이란 단어가 통상적으로 사용된 것을 확인할 수 있다.

천간의 뿌리는 사주팔자의 구조를 해석할 때와 실제로 사주팔자가 적용되는 개인의 삶에서 모두 특정한 역할을 갖는다. 천간의 뿌리는 『용비어천가(龍飛御天歌)』(1447 간행)에 나오는 구절인 "불휘 기픈 남간 바라매 아니 뮐쌔, 곶 됴코 여름 하나니."처럼 천간의 역량을 강화시킨다. 통근한 천간은 다음과 같은 능력을 갖는다.

첫째, 통근한 천간은 다른 천간을 생해줄 수 있고, 또한 지지로부터 받는 매우 큰 생(生)도 잘 소화하여 모자멸자(母慈滅子) 현상을 해소한다. 모자멸자는 생을 해주는 오행양음의 세력이 너무 커서 오히려 생을 받는 천간이 무력해지는 현상이다.

둘째, 통근한 천간은 다른 오행양음의 극(剋)과 설(洩)에도 버틸 수 있다. 이런 경우에는 뿌리는 닻[anchor, 錨 닻 묘]의 역할을 수행한다고 간주할 수 있다. '설(洩)'은 '설기(洩氣 또는 泄氣)'라고도 부르며, 내가 생(生)을 해주어서 내 기운을 빼간다는 의미이다.

셋째, 통근한 천간은 다른 천간과의 합(合)에도 변하지 않는[불화(不化)] 주체성을 갖는다.

넷째, 통근한 천간은 삼합이나 삼회 등의 큰 세력에 종(從)하지 않는 주체성을 갖는다.

통근이 되는 지장간이 속한 지지는 '통근처(通根處)'라고 부른다. 통근처는 천간의 근원이자 전초기지(前哨基地)가 된다. 일간의 통근처는 사주팔자가 발현되는 개인의 삶에서도 전초기지가 된다. 따라서 사주팔자의 주인공은 일간의 통근처에 배속된 인간관계나 공간을 삶의 전초기지로 삼는다.

일반적인 통근의 개념은 천간이 양음은 상관없이 오행만 같은 지장간을 보는 것으로 정의된다. 예컨대 일간 壬이 亥의 본기 壬을 보는 것도 통근이 되고, 辰의 중기 癸를 보는 것도 통근이 된다.

양음은 고려하지 않고 오행만으로 통근을 정의하는 것은, 『연해자평』권사「십간체상」의 다음 구절에서도 보인다.

"癸水는 응당 비와 이슬만이 아니어서 亥子에 통근하면 곧 강과 하천이다."

"癸水應非雨露麼, 根通亥子卽江河."

『연해자평』뿐만 아니라, 자평명리학의 거의 모든 고서가 통근의 개념을 오행에만 한정하여 사용하였다. 반면에, 이 책에서는 오행과 양음을 모두 적용시켜서 천간이 오행양음이 같은 지장간을 보는 것을 통근으로 정의한다.

통근을 오행과 오행양음에 각각 대입하여 정의하는 것에 대한 수학과학적 원리가 이어지는 하위단원에서 상세히 탐구될 것이다.

1
천간의 통근에 대한 수학과학적 원리

통근을 오행과 오행양음에 각각 대입하여 정의하는 것에 대한 수학과학적 원리는, 각각 오행과 오행양음의 상호작용에서 도출된다. 첫 번째로 오행의 상호작용에 입각하여 통근을 정의하고, 두 번째로 오행양음의 상호작용에 입각하여 통근을 정의할 것이다.

첫 번째로 오행의 상호작용에 입각하여 통근을 정의하기 위해서 [그림106]처럼 하도와 낙서 중에 주축을 어디에 둘 것인가가 결정되어야 한다. 하도에서는 오행의 생(生)이 순행으로 표시되고, 낙서에서는 오행의 극(剋)이 역행으로 표시된다.

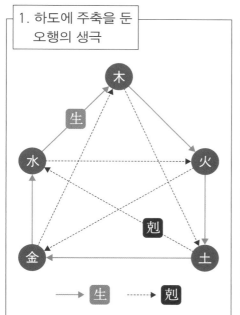
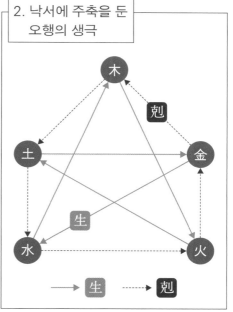

[그림106] 하도와 낙서의 입장에서 오행의 생극

하도와 낙서 중 하도에 주축을 두고 오행의 생과 극을 표시하면, [그림106]의 왼쪽이 된다. 하도는 오행의 생이 순행으로 이루어진다. 따라서 하도에서 오행의 생은 바로 인접한 1단계가 된다. 반면에, 하도에서 오행의 극은 두 칸씩 순행으로 이루어져서 2단계가 된다. 원래 오행의 극은 낙서에서 나타난다.

결론적으로 하도에 주축을 두고 오행의 생과 극을 표시하면, 천도인 하도를 이루는 오행의 생은 천수인 1단계로 구성된다. 반면에, 지도인 낙서에서 차용된 오행의 극은 지수인 2단계로 구성된다. 이러한 오행의 생과 극의 구성은 천도와 지도의 특성에 부합하여 합리적이다.

하도와 낙서 중 낙서에 주축을 두고 오행의 극과 생을 표시하면, [그림106]의 오른쪽이 된다. 낙서는 오행의 극이 역행으로 이루어진다. 따라서 낙서에서 오행의 극은 바로 인접한 1단계가 된다. 반면에, 낙서에서 오행의 생은 두 칸씩 순행으로 이루어져서 2단계가 된다. 원래 오행의 생은 하도에서 나타난다.

결론적으로 낙서에 주축을 두고 오행의 극과 생을 표시하면, 지도인 낙서를 이루는 오행의 극은 천수인 1단계로 구성된다. 반면에, 천도인 하도에서 차용된 오행의 생은 지수인 2단계로 구성된다. 이러한 오행의 극과 생의 구성은 지도와 천도의 특성에 부합하지 않아서 불합리하다. 왜냐하면, 지도는 지수인 2단계로 구성되고, 천도는 천수인 1단계로 구성되어야만 지도와 천도의 숫자단위에 일치하여 마찰열이 발생하지 않기 때문이다.

하도에 주축을 둔 오행의 생과 극은 모두 순행으로 비교가 가능하다. 반면에 낙서에 주축을 둔 오행의 생과 극은 각각 순행과 역행이므로 비교할 수 없다.

지금까지 살펴본 것처럼, 오행의 상호작용에 입각하여 통근을 정의하기 위해서 하도에 주축을 두고 오행의 생과 극을 표시한다. 또한 오행양음의 상호작용에 입각하여 통근을 정의하는 것도 하도에 주축을 두고 오행양음의 생과 극을 표시해야 한다.

하도에 주축을 두고 오행 간 상호작용 종류를 규정하면, [그림107]이 된다. 오행의 상호작용 종류는 [그림107]처럼 크게 두 가지가 존재한다. 첫 번째는 오행

木의 입장에서 생극의 점수 계산

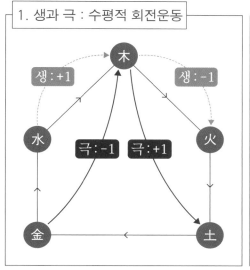
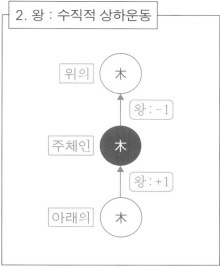

1. 생과 극 : 수평적 회전운동

생 : +1
생 : -1
극 : -1
극 : +1

2. 왕 : 수직적 상하운동

위의 木
왕 : -1
주체인 木
왕 : +1
아래의 木

[그림107] 오행의 상호작용 종류와 점수 계산

들 사이에서 수평적 회전운동을 하면서 생과 극을 하는 상호작용이다. 두 번째 는 동일한 오행에서 수직적 상하운동을 하면서 힘을 주고받는 상호작용이다. 동 일한 오행끼리의 상호작용을 '왕(旺)'이라고 부른다.

특히 [그림107]에서는 木의 입장에서 상호작용의 종류를 표시하였다. 오행 사이의 첫 번째 상호작용인 생과 극을 木의 입장에서 규정하면 다음과 같다.

木은 한 칸 떨어져서 인접한 水로부터 생을 받아서 +1점을 획득하면서 동시에 火에게 생을 주어서 -1점이 된다. 또한 木은 두 칸 떨어진 金으로부터 극을 받아 서 -1점이 되는 동시에 土를 극해서 +1점이 된다.

오행 사이의 두 번째 상호작용인 왕을 木의 입장에서 규정하면 다음과 같다. 주체인 가운데의 木은 한 칸 아래의 木으로부터 같은 기(氣)를 받아서 +1점이 된다. 또한 주체인 가운데의 木은 한 칸 위의 木에게 같은 기(氣)를 주면서 -1 점이 된다. 왕은 위와 아래로 한 칸 떨어진 동일한 오행 사이의 상호작용이므로, +1점과 -1점이 된다.

오행은 시간단위이다. 따라서 오행의 상호작용에서 떨어진 거리는 상호작용에 걸리는 시간이 된다. 왕은 동일한 오행 즉 시간에서 상하의 공간운동이므로 왕은 동시에 상호작용이 발생한다. 다시 말해서, 왕은 같은 시간대에서 공간대칭으로 발생한다.

생은 한 칸 떨어진 오행 사이에서 수평적 회전운동으로 힘[기(氣)]을 주고받는다. 따라서 왕보다 속도가 느리다. 또한 극은 두 칸 떨어진 오행 사이에서 수평적 회전운동으로 힘을 주고받는다. 따라서 생보다 속도가 느리다.

지금까지 탐구한 오행의 상호작용 속도를 종합하여 비교하면, '왕 》생 〉극'이 된다. 이런 생과 극의 속도 차이로 인해서 탐생망극(貪生忘剋)이 발생한다. 탐생망극은 생을 탐해서 극을 잊어버리는 현상이다. 실제로 오행의 생극에서 생이 극보다 훨씬 빨리 발생하므로, 상대속도(相對速度)의 차이로 인하여 생만 드러나고 극은 드러나지 않는다.

탐생망극과 같은 논리로 인하여 탐왕망생(貪旺忘生)이 발생한다. 탐왕망생은 왕을 탐해서 생을 잊어버리는 현상이다. 실제로 오행의 상호작용에서 왕은 거울대칭처럼 빛의 속도로 동시에 발생해서 생보다 훨씬 빨리 발생하므로, 상대속도의 차이로 인하여 왕만 드러나고 생은 드러나지 않는다. 결론적으로 오행의 상호작용에서 왕과 생극이 모두 있을 때는 왕만 순간적으로 작동하고 생극은 드러나지 않는다. 따라서 천간의 통근은 같은 오행인 왕으로만 정의하고 생극으로는 정의하지 않는다.

참고로 [그림107]에서는 오행의 상호작용을 주체인 木의 입장에서 표시하였는데, 원래는 [그림108]처럼 힘의 수지(收支, 수입과 지출)가 균형을 이룬다. 水가 木을 생하면, 水는 1점을 잃으나 木은 1점을 얻는다. 또한 木이 土를 극하면, 土는 1점을 잃으나 木은 1점을 얻는다.

오행의 상호작용에 입각하여 통근을 정의하는 것은, 상호작용이 발현되는 속도의 측면에서 큰 장점을 갖는다. 그러나 천간과 지장간은 오행양음을 상징하므로, 오행만으로 상호작용과 통근을 정의하면 양음을 생략하는 문제가 발생한다.

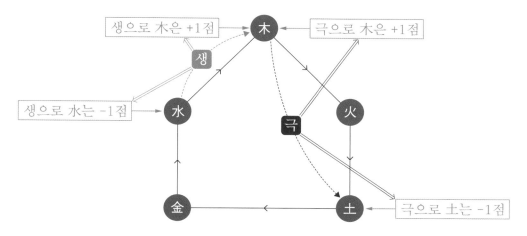

[그림108] 오행의 생극에서 수입과 지출

예컨대 水+(수양)이 木+(목양)을 생하는 것은 양이 양을 생하는 모순이 발생한다. 양과 양은 극성(極性)이 같아서 서로 밀쳐내야만 정상인데, 水+이 木+을 생하는 것은 이상하다. 또한 木+(목양)이 土-(토음)을 극하는 것은 양이 음을 극하는 모순이 발생한다. 양과 음은 극성이 달라서 서로 잡아당겨야만 정상인데, 木+이 土-을 극하는 것은 이상하다.

오행의 생극뿐만 아니라, 왕의 입장에서도 오행만으로 상호작용을 정의하는 것은 불합리하다. 木+(목양)이 木-(목음)을 만나면, 왕으로 힘을 전달하지 못한다. 오히려 같은 오행 안에서 점대칭으로 공간대칭을 이루므로, 공간이 분리되어 상호작용을 할 수 없다. 따라서 오행과 더불어 오행양음의 상호작용에 입각하여 통근을 정의하는 것이 필요하다.

하도에 주축을 두고 오행양음의 상호작용 종류를 규정하면, [그림109]가 된다. 오행양음의 상호작용은 [그림109]처럼 오행 사이에서 수평적 회전운동과 수직적 상하운동이 결합된 형태를 띤다.

오행의 상호작용 종류인 〈왕, 생, 극〉은 오행양음의 상호작용에서는 모두 진(眞)과 가(假)로 세분화된다. 따라서 왕은 진왕(眞旺)과 가왕(假旺)으로 나누어지고, 생은 진생(眞生)과 가생(假生)으로 나누어지며, 극은 진극(眞剋)과 가극

木+의 입장에서 생극의 점수 계산

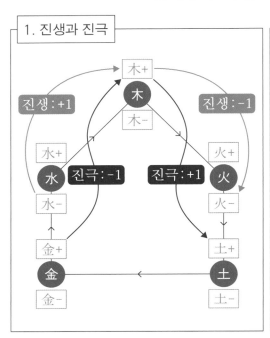

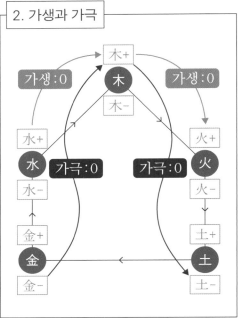

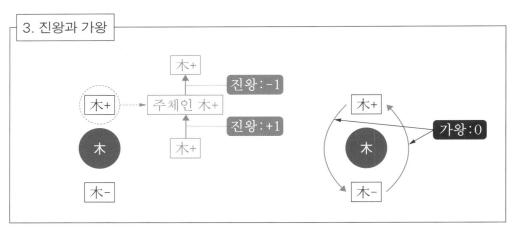

[그림109] 오행양음의 상호작용 종류와 점수 계산

(假剋)으로 나누어진다. 진(眞)의 상호작용은 모두 힘을 주고받으나, 가(假)의
상호작용은 모두 힘을 주고받지 않는다.

특히 [그림109]에서는 木+(목양)의 입장에서 오행양음의 상호작용 종류를 표시하였다. 오행양음 사이의 진생과 진극, 진왕을 木+의 입장에서 규정하면, 다음과 같다.

첫 번째로 진생의 정의와 경로를 살펴본다. '진생'은 양(+)이 음(-)을 생하거나 음(-)이 양(+)을 생하는 상호작용이다. [그림109]에서 木+은 인접한 水-으로부터 진생을 받아서 +1점을 획득하면서 동시에 火-에게 진생을 주어서 -1점이 된다. 양과 음은 극성이 달라서 서로 잡아당겨야만 정상이다. 따라서 양과 음이 서로 잡아당기면서 생을 하는 것은 진짜로 생이 된다.

진생의 경로는 2단계로 이루어진다. 예컨대 水-(수음)이 木+(목양)을 진생하는 과정은 먼저 水-이 木-으로 수평이동을 한 후에 다시 木-에서 木+으로 수직상승을 하거나, 먼저 水-이 水+으로 수직상승을 한 후에 水+에서 木+으로 수평이동을 하는 2단계로 이루어진다.

두 번째로 진극의 정의와 경로를 살펴본다. '진극'은 양(+)이 양(+)을 극하거나 음(-)이 음(-)을 극하는 상호작용이다. [그림109]에서 木+은 오행으로 두 칸 떨어진 土+을 진극해서 +1점을 획득하면서 동시에 金+으로부터 진극을 받아서 -1점이 된다. 양과 양은 극성이 같아서 서로 밀쳐내야만 정상이다. 따라서 양과 양, 또는 음과 음이 서로 밀쳐내면서 극을 하는 것은 진짜로 극이 된다.

진극의 경로는 2단계로 이루어진다. 예컨대 木+이 土+을 진극하는 과정은 먼저 木+이 火+으로 수평이동을 한 후에 다시 火+에서 土+으로 수평이동을 하는 2단계로 이루어진다.

세 번째로 진왕의 정의와 경로를 살펴본다. '진왕'은 같은 오행양음 즉 동일한 천간끼리의 상호작용이다. [그림109]에서 木+은 아래의 木+으로부터 진왕을 받아서 +1점을 획득하면서 동시에 위의 木+에게 진왕을 주어서 -1점이 된다. 결과적으로 진왕은 아래에 위치한 오행양음이 위에 위치하는 동일한 오행양음에게 힘을 주는 것이다.

지금까지 살펴본 오행양음 사이의 진생과 진극, 진왕에 이어서 가생과 가극, 가왕을 木+의 입장에서 규정하면, 다음과 같다.

첫 번째로 가생의 정의와 경로를 살펴본다. '가생'은 양(+)이 양(+)을 생하거나 음(-)이 음(-)을 생하는 상호작용이다. [그림109]에서 木+(목양)은 인접한 水+(수양)으로부터 가생을 받으면서 동시에 火+(화양)에게 가생을 준다. 그러나 양과 양은 극성이 같아서 서로 밀쳐내야만 정상이다. 따라서 양과 양이 서로 밀쳐내면서 생을 하는 것은 가짜의 생이 된다. 또한 가생은 오행의 입장에서는 생으로 힘을 주나, 양음의 입장에서는 밀쳐내면서 힘을 뺏는다. 이런 손익이 합해져서 가생은 힘의 이동이 없는 0점이 된다.

가생의 경로는 1단계로 이루어진다. 예컨대 水+이 木+을 가생하는 과정은, 水+이 木+으로 수평이동을 하는 1단계로 이루어진다.

두 번째로 가극의 정의와 경로를 살펴본다. '가극'은 양(+)이 음(-)을 극하거나 음(-)이 양(+)을 극하는 상호작용이다. [그림109]에서 木+은 오행으로 두 칸 떨어진 金-으로부터 가극을 받으면서 동시에 土-을 가극한다. 그러나 양과 음은 극성이 달라서 서로 잡아당겨야만 정상이다. 따라서 양과 음이 서로 잡아당기면서 극을 하는 것은 가짜의 극이 된다. 또한 가극은 오행의 입장에서는 극으로 힘을 뺏으나, 양음의 입장에서는 당기면서 힘을 준다. 이런 손익이 합해져서 가극은 힘의 이동이 없는 0점이 된다.

가극의 경로는 3단계로 이루어진다. 예컨대 木+이 土-을 가극하는 과정은, 먼저 木+이 火+으로 그리고 火+에서 土+으로 수평이동을 한 후에 다시 土+에서 土-으로 수직하강을 하거나, 먼저 木+이 木-으로 수직하강을 한 후에 다시 木-에서 火-으로 그리고 火-에서 土-으로 수평이동을 하는 3단계로 이루어진다.

세 번째로 가왕의 정의와 경로를 살펴본다. '가왕'은 같은 오행이나 양음만 다른 천간끼리의 상호작용이다. [그림109]에서 木+(목양)은 木-(목음)으로부터 가왕을 받는다. 木+은 木-과 같은 오행인 木안에서 상하(上下)의 점대칭으로 공간대칭을 이루므로, 공간이 분리되어 상호작용을 할 수 없다. 결과적으로 가왕은 힘의 이동이 없는 0점이 된다.

가왕의 경로는 1단계로 이루어진다. 예컨대 木+이 木-을 가왕하는 과정은, 木+이 木-으로 수직하강을 하는 1단계로 이루어진다.

지금까지 순차적으로 살펴본 오행양음 사이의 〈진생, 진극, 진왕〉과 〈가생, 가극, 가왕〉을 다시 〈왕, 생, 극〉으로 크게 분류하면서 각각 〈진왕과 가왕, 진생과 가생, 진극과 가극〉으로 세분화하면, [표10]이 된다.

[표10] 오행양음의 상호작용 종류와 진가

오행양음의 상호작용 종류	오행양음의 상호작용에서 진가(眞假)
왕(旺)	진왕(眞旺) : 양음까지 똑같은 동일한 오행이 만나는 현상. 예컨대 木+이 木+을 만나는 경우. 경로는 0단계
	가왕(假旺) : 양음만 다른 동일한 오행이 만나는 현상. 예컨대 木+이 木-을 만나는 경우. 경로는 1단계
생(生)	진생(眞生) : +이 -을 생하거나 -이 +을 생하는 현상. 예컨대 木+이 火-을 생하거나 木-이 火+을 생하는 경우. 경로는 2단계
	가생(假生) : +이 +을 생하거나 -이 -을 생하는 현상. 예컨대 木+이 火+을 생하거나 木-이 火-을 생하는 경우. 경로는 1단계
극(剋)	진극(眞剋) : +이 +을 극하거나 -이 -을 극하는 현상. 예컨대 木+이 土+을 극하거나 木-이 土-을 극하는 경우. 경로는 2단계
	가극(假剋) : +이 -을 극하거나 -이 +을 극하는 현상. 예컨대 木+이 土-을 극하거나 木-이 土+을 극하는 경우. 경로는 3단계

오행양음 사이의 상호작용을 경로의 개수에 의해서 다시 분류를 하면 [표11]이 된다. 오행양음의 상호작용이 이루어지는 경로는 수평적 회전운동과 수직적 상하운동이 결합된 형태를 띤다.

[표11] 경로의 개수별 오행양음의 상호작용

경로의 개수와 상호작용의 점수	오행양음의 상호작용
0단계 : +1점 또는 −1점	진왕 : 같은 오행이므로 0단계이고, 같은 양음이므로 0단계이다. 종합하면, 동일한 오행양음이므로 0단계가 된다. 예컨대 주체인 木+이 아래에 위치한 木+으로부터 1점을 받으나 위에 위치한 木+에게 1점을 준다.
1단계 : 0점	가왕 : 동일한 오행에서 0단계이나, 양과 음 사이의 이동이 있어서 1단계가 된다.
	가생 : +이 +을 생하거나 −이 −을 생하는 현상이므로, 양과 음 사이의 이동은 0단계이다. 오행 사이에서 1단계를 이동한다.
2단계 : +1점 또는 −1점	진생 : 오행 사이에서 1단계를 이동하면서 동시에 양과 음 사이의 이동도 1단계를 이동한다. 종합하면 2단계가 된다.
	진극 : +이 +을 극하거나 −이 −을 극하는 현상이므로, 양과 음 사이의 이동은 0단계이다. 오행 사이에서 2단계를 이동한다. 종합하면 2단계가 된다.
3단계 : 0점	가극 : 오행 사이에서 2단계를 이동하면서 동시에 양과 음 사이의 이동도 1단계를 이동한다. 종합하면, 3단계가 된다.

오행양음의 상호작용 중에서 개입된 경로가 0개인 것은 진왕이다. 진왕은 1점을 주고받는다. 개입된 경로가 1개인 것은 가왕과 가생이다. 가왕과 가생은 힘의 이동이 없다. 개입된 경로가 2개인 것은 진생과 진극이다. 진생과 진극은 1점을 주고받는다. 개입된 경로가 3개인 것은 가극이다. 가극은 힘의 이동이 없다.

오행양음 사이의 상호작용으로 주고받는 점수에 입각하여 경로의 개수를 모으면 [표12]가 된다.

[표12] 오행양음의 상호작용 점수별 경로의 단계

오행양음의 상호작용 점수	2로 나눈 나머지로 표현한 경로의 단계 : mod2
+1점 또는 –1점	0단계[진왕] ≡ 2단계[진생, 진극] (mod2)
0점	1단계[가왕, 가생] ≡ 3단계[가극] (mod2)

+1점과 –1점에 해당하는 상호작용은, 진가 중 진(眞)에 해당하는 〈진왕, 진생, 진극〉이 된다. 이것은 상호작용의 실질적인 효과가 있다는 것을 의미한다. 또한 +1점과 –1점에 해당하는 상호작용의 경로 개수는 0단계[진왕]과 2단계[진생과 진극]이다. 이런 0단계와 2단계는 2로 나눈 나머지가 0에 해당한다. 다시 말해서, 양음의 이진법(二進法)에 입각하여 0에 해당하는 양음오행의 상호작용만이 실질적인 효과가 있음을 알려준다.

0점에 해당하는 상호작용은 진가 중 가(假)에 해당하는 〈가왕, 가생, 가극〉이 된다. 이것은 상호작용의 실질적인 효과가 없다는 것을 의미한다. 또한 0점에 해당하는 상호작용의 경로 개수는 1단계[가왕, 가생]와 3단계[가극]이다. 이런 1단계와 3단계는 2로 나눈 나머지가 1에 해당한다. 다시 말해서, 양음의 이진법

(二進法)에 입각하여 1에 해당하는 양음오행의 상호작용은 실질적인 효과가 없음을 알려준다.

　오행양음의 상호작용 중 실질적인 효과가 있는 〈진왕, 진생, 진극〉에서도 차이점이 존재한다. 오행에서 이미 탐구한 것처럼, 왕(旺)은 동일한 시간에서 상하의 공간운동이므로 왕은 동시에 상호작용이 발생한다. 다시 말해서, 왕은 같은 시간대에서 공간대칭으로 발생한다. 반면에 생과 극은 각각 한 칸과 두 칸 떨어진 오행들 사이의 수평적 회전운동으로서 시간이 소요된다. 따라서 오행양음 중 큰 주머니인 오행의 상대속도가 〈진왕, 진생, 진극〉에도 그대로 적용된다.

　오행양음의 상호작용이 발생하는 속도는 큰 주머니인 오행의 상호작용 속도에 의거하여 [표13]처럼 '진왕 》진생 〉진극'이 된다. 이러한 진생과 진극의 속도 차이로 인해 탐생망극(貪生忘剋)이 발생한다. 탐생망극은 진생을 탐해서 진극을 잊어버리는 현상이다. 실제로 오행의 생극에서 생이 극보다 훨씬 빨리 발생하므로 상대속도(相對速度)의 차이로 인해 진생만 드러나고 진극은 드러나지 않는다.

[표13] 1점인 오행양음의 상호작용별 속도 차이

1점인 오행양음의 상호작용	속도 차이
진왕	오행양음 중 시간단위인 오행이 같으므로, 동시에 발생한다. 가장 빠르다.
진생	오행양음 중 시간단위인 오행이 1단계 차이가 나므로, 두 번째로 빠르게 발생한다.
진극	오행양음 중 시간단위인 오행이 2단계 차이가 나므로, 가장 늦게 발생한다.

탐생망극과 같은 논리로 인해서 탐왕망생(貪旺忘生)이 발생한다. 탐왕망생은 진왕을 탐해서 진생을 잊어버리는 현상이다. 실제로 오행양음의 상호작용에서 진왕은 거울대칭처럼 빛의 속도로 동시에 발생해서 진생보다 훨씬 빨리 발생하므로, 상대속도의 차이로 인해서 진왕만 드러나고 진생은 드러나지 않는다. 결론적으로 오행양음의 상호작용에서 진왕과 〈진생, 진극〉이 모두 있을 때는 진왕만 순간적으로 작동하고 〈진생, 진극〉은 드러나지 않는다. 따라서 오행양음을 상징하는 천간의 통근은 진왕으로만 정의하고 〈진생, 진극〉으로는 정의하지 않는다.

『연해자평』 권사(卷四) 「십간체상(十干體象)」에 나오는 다음의 구절에서 '생(生)을 해 주는 오행'은 통근처가 되지 못함을 확인할 수 있다.

"《辛》…… 록(祿)에 앉아서 신왕지(身旺地)에 통근(通根)하면, 어찌 후중한 토(土)가 그것의 형상(形狀)을 매몰(埋沒)시키는 것을 근심하겠는가?"

"《辛》…… 坐祿通根身旺地, 何愁厚土沒其形."

위의 인용 구절에서 토(土)는 辛金을 생해주는 인성이다. 만약 인성인 토를 통근처로 설정한다면, 토가 강해질수록 辛金도 생을 많이 받아서 강해질 것이다. 오히려 인성인 토가 후중하여 강해질수록 辛金이 매몰되는 것을 두려워한다고 표현하였다. 이런 표현은 인성이 천간의 뿌리가 되지 않음을 증명한다.

청(淸)나라의 임철초(任鐵樵, 1773~?)가 쓴 『적천수천미(滴天髓闡微)』 「하지장(何知章)」에 나오는 다음의 구절에서도 '생(生)을 해 주는 오행'은 통근처가 아닌 것을 확인할 수 있다.

"이 사주에서 재성(財星)은 지지에 감추어져 있고, 살(殺)은 천간에서 노출되어 있으면서 살과 인성(印星)이 서로 도와준다. 또 구슬을 꿰듯 서로 도와주어서 마치 귀격인 것 같다. 그러므로 조상 때부터 내려온 가업이 20여 만금에 달했다. 연간의

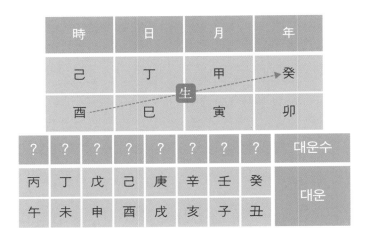

時	日	月	年
己	丁	甲	癸
酉	巳	寅	卯

?	?	?	?	?	?	?	?	대운수
丙	丁	戊	己	庚	辛	壬	癸	대운
午	未	申	酉	戌	亥	子	丑	

살은 뿌리가 없어서 그 알맹이는 모두 인수(印綬)에게 훔침을 당하는 것을 알지 못하는 것이므로, 반드시 酉金의 재성을 사용한다."

"此造財藏殺露, 殺印相生, 又聯珠相生, 似乎貴格, 所以祖業二十余萬. 不知年干之殺無根, 其菁華盡被印綬竊去, 必用酉金之財."

위의 구절에서 엿볼 수 있듯이, 연간(年干)의 癸水 칠살(七殺)은 시지(時支)의 재성(財星) 酉金으로부터 생을 받는다. 그러나 임철초는 지지의 생은 뿌리로 보지 않았기 때문에 뿌리가 없다[無根]고 표현하였다. 따라서『적천수천미』에서도 지지의 인성(印星)은 통근으로 보지 않았음을 확인할 수 있다.

위에 인용된 구절을 이해하기 위해서는 재성이나 인성과 같은 십성(十星)을 알아야 한다. '십성'은 오행양음의 상호작용 열 개를 인간사(人間事)에 대응시켜 이름을 붙인 것이다.

木+인 일간을 기준으로 삼아서 십성을 정의하면, [그림110]이 된다.

① 비견(比肩)은 일간과 진왕인 오행양음이다. 다시 말해서, 일간과 동일한 오행양음이다.

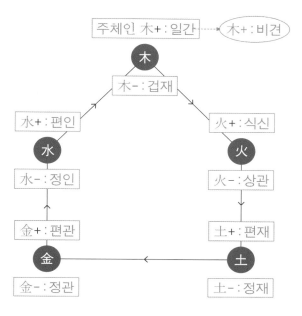

[그림110] 십성의 정의

② 겁재(劫財)는 일간과 가왕인 오행양음이다. 다시 말해서, 일간과 오행이 같으나 양음이 다른 오행양음이다.

③ 식신(食神)은 일간이 가생하는 오행양음이다. 다시 말해서, 일간이 생하는 오행 중 양음이 같은 오행양음이다.

④ 상관(傷官)은 일간이 진생하는 오행양음이다. 다시 말해서, 일간이 생하는 오행 중 양음이 다른 오행양음이다.

⑤ 편재(偏財)는 일간이 진극하는 오행양음이다. 다시 말해서, 일간이 극하는 오행 중 양음이 같은 오행양음이다.

⑥ 정재(正財)는 일간이 가극하는 오행양음이다. 다시 말해서, 일간이 극하는 오행 중 양음이 다른 오행양음이다.

⑦ 편관(偏官)은 일간을 진극하는 오행양음이다. 다시 말해서, 일간을 극하는 오행 중 양음이 같은 오행양음이다.

⑧ 정관(正官)은 일간을 가극하는 오행양음이다. 다시 말해서, 일간을 극하는 오행 중 양음이 다른 오행양음이다.

[표14] 십성이 상징하는 뜻

십성	육친	사회적인 활동
비견(比肩)	형제, 자매	동업, 경쟁
겁재(劫財)	형제, 자매	동업, 경쟁
식신(食神)	여자에게 자녀	온화한 표현력과 창의력
상관(傷官)	여자에게 자녀	강력한 표현력과 창의력
편재(偏財)	남자에게 부인, 아버지	현금과 같은 직접적인 재물
정재(正財)	남자에게 부인	월급과 같은 저축성 재물
편관(偏官)	여자에게 남편, 남자에게 자녀	직접적인 통제, 직접적인 공격자
정관(正官)	여자에게 남편, 남자에게 자녀	합리적인 관리, 자기조절, 명예
편인(偏印)	어머니	학문, 문서, 간접적 조력자, 자격증
정인(正印)	어머니	학문, 문서, 직접적 조력자, 자격증

⑨ 편인(偏印)은 일간을 가생하는 오행양음이다. 다시 말해서, 일간을 생하는 오행 중 양음이 같은 오행양음이다.

⑩ 정인(正印)은 일간을 진생하는 오행양음이다. 다시 말해서, 일간을 생하는 오행 중 양음이 다른 오행양음이다.

편관은 칠살(七殺)로 부르기도 하며, 정인을 인수(印綬)로 부르기도 한다. 비견과 겁재를 합쳐서 '비겁(比劫)'으로, 식신과 상관을 합쳐서 '식상(食傷)'으로, 편재와 정재를 합쳐서 '재성(財星)'으로, 편관과 정관을 합쳐서 '관성(官星)'으로, 편인과 정인을 합쳐서 '인성(印星)'으로 부른다.

십성은 오행양음의 상호작용을 인간사에 대응시켜 부르는 용어이다. 특히 십성이 상징하는 인간사 중에서 가족관계와 사회적인 활동을 [표14]로 간략하게 정리하였다.

2
통근처의 위치에 입각한 해석법

통근(通根)의 사전적 의미는 '뿌리에 통한다.'는 것인데, '뿌리'란 '근원(根源)'과 같은 의미이다. 따라서 통근처는 천간한테 근원이 되므로, 인생살이의 전초기지 역할을 한다. 『적천수』「원류(源流)」에서도 '근원'을 다음처럼 언급하였다.

"어느 곳에서 근원이 일어나고, 흘러서 어느 방향에 이르러 머무를 것인가의 관건(關鍵=機括)을 이 중에서 구한다면, 미래를 알고 또한 과거를 알 수 있다."

"何處起根源, 流到何方住, 機括此中求, 知來亦知去."

위의 구절에서 알 수 있듯이, '근원'이란 모든 존재가 생성되는 시작점이다. 따라서 통근이 되는 지지는 그것을 뿌리로 삼는 천간의 존재가 생성되는 시작점이 된다. 또한 사주팔자의 주인공은 통근처를 찾아서 그 지지궁(地支宮)에 배속된 공간계층(空間階層), 육친 등을 채운 후에 존재기반으로 삼는다.

천간의 통근처가 연지(年支), 월지(月支), 일지(日支), 시지(時支) 중에서 어느 지지가 되는 것에 따라서 천간의 존재 기반이 달라진다. 왜냐하면, 〈연지, 월지, 일지, 시지〉에 배속된 공간계층과 육친(六親) 등이 다르기 때문이다.

〈연지, 월지, 일지, 시지〉에 배속된 육친에 대해서 언급한 고서 중 두 개를 살펴보면 다음과 같다. 참고로 육친은 부모, 형제, 처자를 통틀어 이르는 말이다.

①『자평진전』「논궁분용신배합육친(論宮分用神配合六親)」에 나오는 구절 :

"사람은 육친을 가지는데, 육친을 팔자에 배치한 것 또한 명(命)에 존재한다. 육친이 궁을 쫓아서 분배된 것이 연월일시가 되는데, 위로부터 아래의 순서가 된다. 조상, 부모, 처, 자식도 같은 방식으로 위로부터 아래의 순서가 되므로, 자리를 사용하여 서로 짝을 짓는 것이 마땅함을 적절하게 얻어서 바뀌지 않는 위치이다."

"人有六親, 配之八字, 亦存于命. 其由宮分配之者, 則年月日時, 自上而下. 祖父妻子, 亦自上而下. 以地相配, 適得其宜, 不易之位也."

(필자 주해) 연지가 조상궁이 되고, 월지는 부모궁이 되며, 일지는 배우자궁이 되고, 시지는 자식궁이 된다. 연월일시(年月日時)는 지구의 공전과 자전에 의해서 태양이 머무는 공간과 그로 인한 시간을 표시한 공시간의 계층구조다. 이런 공시간의 계층구조가 프랙탈을 통해서 육친과 사람을 둘러싼 공간계층으로 대응된다. 따라서 육친의 계층구조는 연월일시가 이루는 공시간의 계층구조를 쫓아서 내림차순이 된다.

② 『연해자평』 권이(卷二) 「논인수(論印綬)」에 나오는 구절 :

"무릇 월(月)과 시상(時上)이 (인수를) 보는 것이 오묘한데, 월상(月上)이 가장 긴요하다. 먼저 월기(月氣)의 뒤[월상]가 생기[인수(印綬)]를 가지면, 반드시 부모의 조력을 얻는다고 논한다. 연하(年下)가 생기를 가지면, 반드시 조상의 조력을 얻는다. 시상이 그것[인수]를 보아서 생기를 가지면, 반드시 자손의 조력을 얻고, 목숨의 근원이 오래 견디고 말년에 넉넉하게 논다."

"大凡月與時上見者爲妙, 而月上最爲緊要. 先論月氣之後有生氣, 必得父母之力. 年下有生氣, 必得祖宗之力. 於時上見之有生氣, 必得子孫之力, 壽元耐久, 晚景優游."

(필자 주해) 인수는 나를 도와주는 성분인데, 월주에 위치한 인수가 일간을 도와주면 부모의 조력을 얻고 연주에 위치한 인수가 일간을 도와주면 조상의 조력을 얻고, 시주에 위치한 인수가 일간을 도와주면 자손의 조력을 얻는다.

이런 내용은 인수를 부모로만 해석하지 않고, 인수를 나를 도와주는 힘으로 보면서 육친은 궁에 배속됨을 보여준다. 따라서 조상궁인 연지에 인수가 있으면 조상의 조력이 있고, 부모궁인 월지에 인수가 있으면 부모의 조력이 있다. 또한 배우자궁인 일지에 인수가 있으면 배우자의 조력이 있고, 자식궁인 시지에 채워지는 시간에 인수가 있으면 자식의 조력이 있다.

천간의 통근처가 되는 〈연지, 월지, 일지, 시지〉에 배속된 공간계층과 육친 등은 다음과 같은 원칙에 입각하여 도출된다. 특히 천간의 통근처를 다루면서 지지궁과 더불어서 천간이 머무르는 공간에 배속된 의미까지 함께 탐구한다. 천간이 머무는 공간은 원래 성(星)인 천간이 들어가는 자리도 미리 존재한다는 가정 아래에서 설정된 것이다.

① 동정설

『명리정종』「동정설(動靜說)」에 나오는 "… 그런 까닭에 사람의 사주팔자에서 천간은 위에 투출하여 드러난 것으로서 동(動)으로 삼아진다. … 그런 까닭에 사람의 사주팔자에서 지지는 아래에 숨겨져서 저장된 것으로서 정(靜)으로 삼아진다.(… 故以人之八字天干透露於上者爲之動也. … 故以人之八字支隱藏於下者, 爲之靜也.)"라는 구절처럼 천간은 움직이고 지지는 움직이지 않는다. 따라서 천간은 겉으로 드러난 상태에서 다른 천간과 경쟁 및 충돌이 발생하는 활동이고, 지지는 숨겨진 상태에서 천간의 뿌리 역할을 하는 근원적인 공간이다. 이러한 동(動)과 정(靜)의 개념에 입각하여 공간개념의 간지가 상징하는 뜻이 아래처럼 도출될 수 있다.

ㄱ. 천간은 겉으로 드러나서 양(陽)의 속성을 갖는다. 따라서 천간은 기둥[주(柱)]에 배속된 육친 중 남자가 머무르는 공간이 된다. 또한 지지는 속에 숨겨져서 음(陰)의 속성을 갖는다. 따라서 주로 기둥에 배속된 육친 중 여자가 머무는 공간이 된다. 예컨대 육친 중 부모가 배속된 월주(月柱) 중에서 부친(父親)은 월간에, 모친(母親)은 월지에 각각 배속된다.
공간 계층구조로 사용된 간지에 배속된 육친은 [표15]가 된다.

[표15] 공간으로 사용된 간지에 배속된 육친

時柱	日柱	月柱	年柱
時干 : 아들	日干 : 나	月干 : 부친	年干 : 조부
時支 : 딸	日支 : 배우자	月支 : 모친	年支 : 조모

ㄴ. 천간은 겉으로 드러나서 천간끼리 합(合)과 극(剋)이 발생하는 각축장이 된다. 따라서 천간은 능동적으로 움직이면서 경쟁과 연합 관계를 형성하는 사회적인 공간이 된다. 또한 지지는 십성(十星)이 궁 안에 숨어서 제자리를 지키므로, 숨겨진 인간관계를 제공해 주는 근본적인 환경이 된다.

② 공시간 계층구조

『연해자평』「논일위주(論日爲主)」에 나오는 "일(日)을 주된 것으로 삼고, 연(年)을 근본으로 삼고, 월(月)을 제강[벼리]으로 삼고, 시(時)를 보좌로 삼는다(以日爲主, 年爲本, 月爲提綱, 時爲輔佐)."라는 구절처럼 자평명리에서는 일간을 나로 설정하기 때문에, 기준점이 일간이 된다. 일간을 기준으로 설정된 수직적인 상하관계와 포함관계를 통해서 공간개념의 간지에 배속된 뜻을 아래처럼 도출할 수 있다.

ㄱ. 인간관계 : 사주팔자의 주인공인 일간을 포함하는 월주는 나를 둘러싸는 사회적인 인간관계가 된다. 월주의 상위 단위가 되는 연주는 사회적인 인간관계보다 더 포괄적인 인간관계인 국가기관에서의 인간관계, 회사에서의 인사명령권자 등이 된다. 또한 일간과 동등한 일지는 나와 동등하므로 배우자 역할을 하는 사람이 되며, 일간의 하위 단위가 되는 시주는 나한테 소속된 인간관계가 되므로 종업원, 아랫사람 등이 된다.

공간 계층구조로 사용된 간지에 배속된 인간관계를 다시 정리하면, [표16]
이 된다.

[표16] 공간으로 사용된 간지에 배속된 인간관계

時柱	日柱	月柱	年柱
時干 : 사업하는 공간에서 경쟁하는 인간관계	日干 : 나	月干 : 사회에서 경쟁관계를 형성하는 인간관계	年干 : 국가기관에서 경쟁관계를 형성하는 인간관계
時支 : 종업원, 개인적으로 거래를 하는 사람, 아랫사람	日支 : 배우자 역할을 하는 인간관계, 사귀는사람	月支 : 사회에서 기본적인 인간관계, 사회적 환경	年支 : 국가기관에서 기본적인 인간관계, 인사명령권자, 윗사람

ㄴ. **생업 공간** : 연간은 국가 단위에서 경쟁관계를 형성하므로 국가기관이나
학교, 공공기관 등이 된다. 월간은 사회 단위에서 경쟁관계를 형성하므로
대기업을 비롯한 기업체 및 대규모 단위의 사회기관이 된다. 시간은 개인
적인 공간에서 경쟁관계를 형성하므로 사회적으로 드러내놓고 하는 개인
사업이 된다. 또한 일지는 배우자와 함께 하는 공간이 되므로 주로 가정이
되며, 월지는 경쟁관계보다 인간관계를 우선시하는 중소기업이 되며, 시지
는 인간관계를 기반으로 하는 개인 사업이 된다.
공간 계층구조로 사용된 간지에 배속된 생업(生業) 공간을 다시 정리하면,
[표17]이 된다.

ㄷ. **부동산 공간** : 공간의 구분에서 가장 중요한 판단 기준은 나의 의지로 바꿀
수 있는지의 여부이다. 연지와 월지는 일간의 상위 단계로서 나를 조종하는

[표17] 공간으로 사용된 간지에 배속된 생업 공간

時柱	日柱	月柱	年柱
時干 : 사회적으로 드러내놓고 하는 개인사업	日干 : 나	月干 : 대기업, 사회기관, 경쟁 중심의 일터	年干 : 국가기관, 관공서, 학교
時支 : 인간관계를 기반으로 하는 개인 사업	日支 : 배우자와 함께 하는 일터	月支 : 중소기업, 가족 중심의 일터	年支 : 인간관계 중심의 국가기관, 국가로부터 받는 하도급

공간이므로, 나의 의지와 관계없이 주어지는 환경이 된다. 일지는 배우자와 공유하므로 일부분은 나의 의지가 투영되는 공간이며, 시지는 일간의 하위 단계이므로 내 마음대로 처분하고 조종할 수 있는 공간이다.

공간 계층구조로 사용된 간지에 배속된 부동산 공간을 다시 정리하면, [표18]이 된다.

[표18] 공간으로 사용된 지지에 배속된 부동산 공간

時柱	日柱	月柱	年柱
時干	日干 : 나	月干	年干
時支 : 내가 마음대로 사용하는 공간이므로 개인 공간 또는 상가, 점포	日支 : 배우자와 함께 사용하는 공간이므로 가정, 집	月支 : 나를 둘러싸는 사회적인 환경에서의 공간. 주거 환경	年支 : 국가의 허락을 맡는 토지나 대지, 조상의 묘소

간지에 배속된 공간 계층구조는 사주팔자의 해석에서 매우 중요하게 사용된다. 특히 천간의 통근처는 아래의 사례처럼 천간의 전초기지로 사용된다.

(사례1) 일간이 일지에만 통근한 경우

時	日	月	年	
甲	甲	己	庚	天干
戌	寅	丑	戌	地支
辛	戊	癸	辛	
丁	丙	辛	丁	地藏干
戊	甲	己	戊	

일간 甲木+(갑목양)이 오직 일지 寅의 본기 甲에만 통근하였다. 따라서 일간 甲木+의 통근처는 배우자궁인 일지가 된다. 일간의 유일한 통근처가 배우자 자리인 일지이므로, 남녀를 불문하고 이런 사주구조를 가진 사람은 끊임없이 배우자 역할을 하는 이성을 채워서 본인의 전초기지로 삼으려고 한다. 역으로 생각하면, 이런 사주구조를 가진 사람은 배우자 역할을 하는 이성이 존재할 때만 정서적인 안정을 유지할 수 있고 존재가치를 실현할 수 있다.

배우자의 존재에 대한 필요성과 편안한 정도는 배우자의 체(體)인 일지궁이 일간한테 끼치는 역할로 결정된다. 또한 용(用)에 해당하는 배우자의 쓰임과 운(運)은 남자는 처를 의미하는 십성인 재성(財星), 여자는 남편에 해당하는 십성인 관성(官星)으로 해석된다.

참고로 위의 사주에서 월간의 정재 己土-(기토음)은 월지 丑의 본기 己에 통근하였다. 또한 일간 甲과 월간 己는 천간합을 해서 유정(有情)하다. '유정'하다는 뜻은 시간합으로 묶여서 의기투합(意氣投合)한다는 의미이다. 따라서 이 사주팔자의 주인공인 남자는 부모님으로부터 건물을 물려받아서 대기업의 사무용품 대리점을 한다. 이 남자는 20대 후반에 결혼을 해서 화목한 가정생활을 한다. 또한 이 남자는 일생 동안 부모님의 재산을 바탕으로 부유하게 살아왔다.

(사례2) 일간이 월지에만 통근한 경우

時	日	月	年	
丙	壬	癸	戊	天干
午	戌	亥	戌	地支
丙	辛	戊	辛	
己	丁	甲	丁	地藏干
丁	戊	壬	戊	

일간 壬水+(임수양)은 오직 월지 亥의 본기 壬에만 통근하였다. 따라서 일간 壬水+의 통근처는 부모궁과 사회궁(社會宮)인 월지가 된다. 일간의 유일한 통근처가 사회생활 자리인 월지이므로, 남녀를 불문하고 이런 사주구조를 가진 사람은 끊임없이 본인을 둘러싼 사회적인 환경에서 대인관계를 가져야만 본인이 편안함을 느끼고 삶의 활력이 생긴다. 따라서 이 사주팔자의 주인공은 항상 사람을 만나는 것을 좋아하여 외향적이면서 사회성이 좋다.

(사례3) 일간이 시지에만 통근한 경우-1

일간 辛金-(신금음)이 오직 시지 酉의 본기 辛에만 통근하였다. 따라서 일간 辛金-의 통근처는 개인적 공간인 시지가 된다. 일간의 유일한 통근처가 개인적 공간인 시지이므로, 남녀를 불문하고 이런 사주구조를 가진 사람은 다른 사람한테 의존하지 않고 스스로의 노력으로 생존한다.

時	日	月	年	
丁	辛	癸	壬	天干
酉	亥	卯	子	地支
庚	戊	甲	壬	
	甲			地藏干
辛	壬	乙	癸	

이 여자는 명문대 교육학과에서 박사학위까지 취득하고 연구원과 시간강사를 겸업한다. 남편은 일간 辛金-의 통근처인 己酉年생이다.

참고로 위의 사주에서 월간의 식신 癸水-이 연지 子의 본기 癸에 통근하여 능동적으로 시간의 편관 丁火-을 진극한다. 고서에서는 이런 양상을 '식신제살(食神制殺)'이라고 부른다. 따라서 일간 辛金-의 통근처가 시지에 입각하여 본인의 노력으로 월간의 식신을 사용하여 기업체의 연구원과 교육직을 겸업한다.

(사례4) 일간이 시지에만 통근한 경우-2

時	日	月	年	
丁	辛	戊	己	天干
酉	亥	辰	未	地支
庚	戊	乙	丁	
	甲	癸	乙	地藏干
辛	壬	戊	己	

일간 辛金-(신금음)이 오직 시지 酉의 본기 辛에만 통근하였다. 따라서 일간 辛金-의 통근처는 개인적 공간인 시지가 된다. 일간의 유일한 통근처가 개인적 공간인 시지이므로, 남녀를 불문하고 이런 사주구조를 가진 사람은 다른 사람한테 의존하지 않고 스스로의 노력으로 생존한다.

이 여자는 피부관리실을 운영한다. (사례3)보다 이 사주체의 주인공이 사회-경제적 성취가 떨어진 이유는, 시간의 편관 丁火-이 연지 未의 여기에 통근하여 능동적으로 일간 辛金-을 진극하기 때문이다. 연지 未에 통근한 편관 丁火-이 일간 辛金-을 진극하므로, 연지인 국가기관 즉 학교의 생활이 나를 힘들게 한다.

(사례5) 일간이 주로 연지에 통근한 경우

時	日	月	年	
庚	丁	乙	甲	天干
戌	酉	亥	午	地支
辛	庚	戊	丙	
丁		甲	己	地藏干
戊	辛	壬	丁	

일간 丁火-(정화음)이 연지 午의 본기와 시지 戌의 중기에 통근하였다. 특히 연지 午의 본기인 丁은 $\frac{11}{30}$ = 37%의 배속비율이고, 시지 戌의 중기인 丁은 $\frac{3}{30}$ = 10%의 배속비율이다. 따라서 일간 丁火-의 주된 통근처는 인사명령권자나 윗사람이 머무는 공간인 연지가 된다. 일간의 주된 통근처가 인사명령권자인 연지이므로, 남녀를 불문하고 이런 사주구조를 가진 사람은 윗사람을 잘 모셔서 발탁을 잘 받는다. 따라서 이 사람은 연지가 상징하는 인사명령권자 또는 윗사람을 전초기지로 삼는다.

실제로 이 남자는 은행원으로서 중년의 대부분을 제1금융권인 은행에서 근무하였다.

참고로 위의 사주에서 연간의 정인 甲木+(갑목양)이 월지 亥의 중기 甲에 통근하여 능동적으로 일간 丁火-을 진생한다. 따라서 사회 속의 인간관계를 바탕으로 생성되는 연간 즉 국가기관의 문서를 사용하는 생업으로 하게 된다. 특히 월지 亥는 역마살이므로, 이동이 많은 은행고객으로부터 생성되는 국가 관리의 통장이나 문서를 다루는 은행의 직책을 맡는다.

시간의 庚은 일지 酉의 여기에 통근하여서 능동적으로 월간의 편인 乙을 천간합으로 묶는다. 따라서 연간의 정인 甲만 일간 丁火-을 진생하게 만든다. 결과적으로 시간의 庚은 혼잡된 정인과 편인 중 정인만 일간을 진생하게 만들어서 사주체(四柱體)를 청아하게 만든다.

개인적으로 사용하는 공간인 시간과 시지까지 살펴보면, 시간의 庚金+(경금양) 정재가 일지에 통근한 상태로 강하게 투출되어 있으면서 시지와 일지가 酉戌 반회로 금방(金方)을 이룬다. 따라서 개인적인 공간에 돈이 가득 차서 돈을 유통시키려는 개인적인 성향이 강하다.

(사례6) 통근처에 입각한 십성의 해석

時	日	月	年	
癸	丙	庚	辛	天干
巳	寅	子	酉	地支
戊	戊	壬	庚	
庚	丙			地藏干
丙	甲	癸	辛	

이 사주팔자는 『적천수천미』「원류(源流)」에 나오는 명조(命造, 사주체)인데, 이 명조에 대해서 임철초는 다음처럼 해석하였다.

"이 명조는 금(金)을 원류의 출발점으로 삼고, 흘러서 인목(寅木)에 이르는데, 그 인수(印綬)가 일간을 생한다. 더욱 오묘한 것은, 일간은 사시(巳時)의 녹(祿)을 얻고, 또한 재성[월간의 庚]은 시지 사(巳)의 장생지(長生地)를 만나며, 관성[시간의 癸]이 투출한다. 청아한 구조가 정신(精神, 일간에게 힘을 주거나 빼앗는 십성)을 가지므로, 중화되어 순수하다. 일어난 곳이 또한 아름다우며, 흘러 마치는 형국이 더욱 아름다우므로, 사림(詞林) 출신으로 벼슬이 통정(通政, 정삼품)까지 이르고, 일생 동안 위험이 없었으며, 명예와 이익이 모두 빛났다."

"此以金爲源頭, 流至寅木, 印綬生身. 更妙巳時得祿, 財又逢生, 官星透露. 淸有精神, 中和純粹, 起處亦佳, 歸局尤美, 詞林出身, 仕至通政, 一生無險, 名利雙輝."

이 사주체에서 연간의 辛金-(신금음) 정재는 국가기관인 연지 酉에 통근한다. 따라서 연간의 辛金- 정재는 국가기관으로 발생하는데, 일간 丙火+(병화양)과 병신합(丙辛合)으로 일간한테 들어오는 봉록(俸祿)이 된다. 이처럼 일간이 연간의 辛金- 정재를 사용하므로, 공무원이 된다. 일간이 연간을 사용하면, 주로 공무원이나 국가자격증으로 생업을 한다.

월간의 庚金+(경금양) 편재는 연지 酉의 여기와 시지 巳의 중기 庚에 통근한다. 특히 시지 巳는 일간 丙火+과 월간 庚金+의 통근처가 되므로, 시지 巳를 전초기지로 삼아서 일간 丙火+과 월간 庚金+은 유정(有情, 친밀)하다. 따라서 임철초도 월간 庚金이 시지의 장생지 巳를 만난다고 하였다.
월간의 庚金+ 편재가 연지 酉의 여기를 통근으로 삼는 것은, 국가기관이나 조상으로부터 내가 써서 없애는 돈이 생기는 것이다. 또한 월간의 庚金+ 편재가 시지 巳의 중기를 통근으로 삼는 것은, 개인적인 사업공간이나 아랫사람에게서 내가 써서 없애는 돈도 생기는 것이다.

2장

사주체의 시공간 계층구조

사주체에서 천간은 같은 기둥의 지지에 속한 지장간에 통근한다. 이것은 천간은 성(星)이 되고 같은 기둥의 지지는 궁(宮)의 역할을 수행하기 때문이다. 그런데 놀랍게도 천간은 [그림111]처럼 다른 기둥의 지지에 속한 지장간에도 통근할 수 있다. 예컨대 [그림111]에서 일간 辛은 다른 기둥인 시지 酉의 본기 辛에 통근하였고, 월간 癸는 다른 기둥인 연지 子의 본기 癸에 통근하였다.

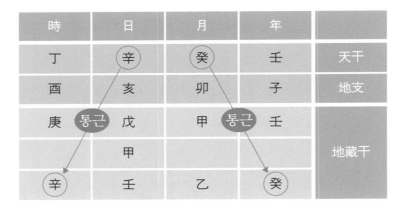

[그림111] 천간이 다른 기둥에 통근이 가능한 이유

사주체에서 기둥이 다르면, 공간도 달라진다. 그럼에도 불구하고, 천간이 어떻게 다른 기둥의 지지에 속한 지장간에 통근할 수 있을까? 이 질문에 대한 정답은 시공간좌표계인 지장간이 천간에 작용하는 방식에서 구해진다. 천간은 성(星)이 되어서 궁(宮)의 역할을 하는 같은 기둥의 지지에 담긴다. 따라서 천간은 [그림112]처럼 상승운동(上昇運動)을 하는 같은 기둥의 지장간에게 충돌을 당하면서 오행양음의 상호작용을 겪는다.

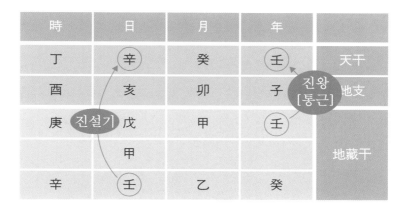

[그림112] 지장간의 상승운동에 의한 천간의 강약

예컨대 [그림112]에서 연간 壬은 상승운동을 하는 연지 子의 여기인 壬에게 충돌을 당해서 진왕으로 (+1)점을 얻는다. 사주명리학에서는 이런 현상을 '연간 壬은 연지 子의 여기인 壬에 통근한다.'라고 부른다. 또한 [그림112]에서 일간 辛은 상승운동을 하는 일지 亥의 본기인 壬에게 충돌을 당해서 진설기(眞洩氣)로 (-1)점을 잃는다.

천간은 첫 번째 음절의 '천(天)'처럼 천도(天道)에 해당한다. 따라서 천도의 성질에 입각하여 木부터 시작하는 천간은 시간단위인 성(星)으로 사용된다. 또한 천도는 상승운동을 하고 지도는 하강운동(下降運動)을 한다는 원칙에 입각하여 천간인 지장간은 상승운동을 한다.

지금까지 살펴본 것처럼 천간은 상승운동을 하는 같은 기둥의 지장간에게 충돌을 당해서 강약이 결정된다. 이런 원칙에 입각하여 천간이 다른 기둥의 지지에 속한 지장간에게 통근이나 생극을 받으려면, 다른 기둥의 지지가 계층구조를 통해서 주목하는 천간이 속하는 지지까지 와야 한다.

사주체의 시공간 계층구조

예컨대 [그림113]의 상단에서 월간 癸는 다른 기둥인 연지 子의 본기 癸에 통근하였다. 엄밀히 말하면, 천간이 다른 기둥의 지장간에 직접 통근하는 것은 불가하다. 왜냐하면, 다른 기둥이 된다는 것은 위치하는 공간이 다르기 때문이다. 그러나 사주팔자의 물리적 단위가 세기성질이 되므로 천간이 다른 기둥의 지장간에도 통근할 수 있게 된다.

[그림113]의 하단처럼 연주인 壬子年은 세기성질이 되어서 하위단위인 癸卯月에 가득 들어찬다. 따라서 월간 癸는 같은 기둥인 월지 卯 안에 들어찬 연지 子의 본기 癸에 통근할 수 있다.

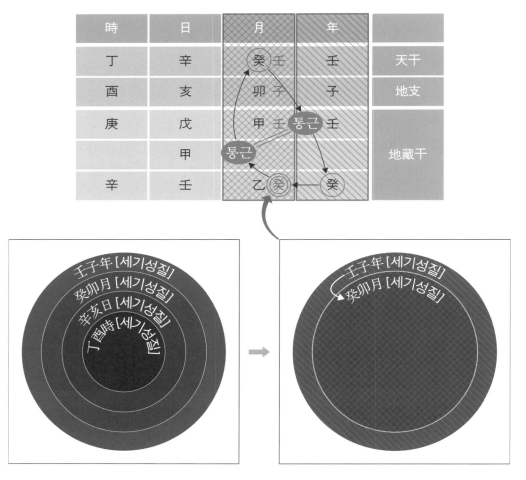

[그림113] 세기성질인 사주팔자의 계층구조

공간과 시간 중에서 에너지 개념인 시간은 주로 세기성질이 된다. 따라서 세기성질로 존재하는 사주팔자는 겉껍데기가 시간이고, 그 속은 공간이 되는 시공간좌표계의 단위가 된다. 결론적으로 사주팔자는 [그림113]의 하단처럼 〈연주→월주→일주→시주〉의 시공간 계층구조로 짜인 세기성질의 집합체이다.

지지들 사이에서 형충회합이 발생하는 것도 매우 놀라운 현상이다. 『명리정종』「동정설」에 나오듯이, 지지는 움직이지 않는다. 움직이지 않는 지지가 어떻게 서로 만나서 형충회합이 발생할 수 있을까? 정답은 세기성질인 사주(四柱, 네 기둥)에서 각각의 기둥이 〈연주→월주→일주→시주〉의 순서로 하위 기둥에 채워지기 때문이다.

예컨대 [그림114]에서 세기성질인 연지 子는 시공간 계층구조의 바로 아래 계층인 월지 卯에 가득 들어차면서 형(刑)을 일으킨다. 또한 세기성질인 연지 子는 시공간 계층구조의 두 칸 아래 계층인 일지 亥에 가득 들어차면서 亥子 水方 반회(半會)를 일으킨다.

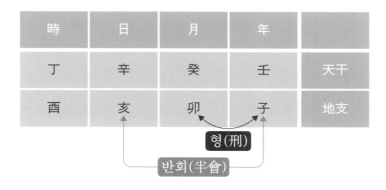

[그림114] 움직이지 않는 지지에서 형충회합이 발생하는 이유

만약에 사주팔자를 크기성질로만 취급하면, 천간이 다른 기둥의 지장간에 통근할 수 없으며 지지들 사이의 형충회합도 발생할 수 없다. 1년은 12개월이 모여서 이루어진다. 따라서 크기성질인 시간의 길이로만 사주를 다루면, 월주는 연주의 $\frac{1}{12}$ 이 된다. 같은 방식으로 일주는 월주의 약 $\frac{1}{30}$, 시주는 일주의 $\frac{1}{12}$ 이 된다.

사주체의 시공간 계층구조

역학에서는 쪼개진 간지나 쪼개진 수(數) 등의 부분을 사용하는 것은 허락되지 않는다. 따라서 크기성질인 시간의 길이에 입각하여 연주의 $\frac{1}{12}$이 월주와 겹치면서 형충회합이 발생한다는 것은 역학에서 유효하지 않다. 크기성질인 시간의 길이에 입각하면, [그림114]에서 연지 子의 $\frac{1}{12}$이 월지 卯와 형을 한다. 그러나 역학에서는 연지 子의 $\frac{1}{12}$이라는 존재는 발생하지 않는다. 따라서 '연지 子의 $\frac{1}{12}$이 월지 卯와 형을 한다.'는 가정 자체가 성립할 수 없다.

지금까지 살펴본 사주팔자의 시공간 계층구조가 발생되는 과정을 이어지는 첫 번째 하위단원에서 상세하게 탐구할 것이다. 또한 사주팔자의 시공간 계층구조로부터 도출되는 사주체의 해석법들을 두 번째와 세 번째 하위단원에서 탐구할 것이다.

1
공시간과 시공간 계층구조의 발생과정

공간과 시간 중에서 공간이 시간보다 먼저 존재한다. 이런 공리는 '시간'의 정의로부터 도출된다. 시간은 단일(單一)한 공간 안에서 각 지역별 태양에너지의 차이를 표시하는 물리량이다.

우주에서 지구를 바라보면, 지구는 하나의 공간일지라도 지구상의 공간 내부는 태양빛이 비치는 곳과 비치지 않는 곳으로 나누어진다. 또한 태양빛이 비치는 곳도 태양빛의 입사각에 따라서 태양빛의 세기가 강한 곳과 약한 곳으로 더 세분화된다. 이처럼 비록 외부에서 보기에는 단일한 공간일지라도 태양빛과 같은 특정한 기준에 의해서 내부 공간이 차별적인 상태가 되는 것을 표시하기 위해서 '시간'이라는 물리량이 도입되었다.

지금까지 살펴본 시간의 정의에 입각하여 공간이 먼저 존재한다. 그런 공간 안에 태양이 들어와서 태양에너지를 채우면, 시간이 발생하게 된다. 이렇게 공간 안에서 시간이 존재하는 것을 집합적으로 '공시간(空時間)'이라고 부른다. 이런 공시간 계층구조를 연월일시로 짜인 사주팔자에 적용시키면, [그림115]와 [그림116]이 된다.

사주체는 60갑자의 간지로 표현되는 연주가 가장 큰 시간단위가 된다. 따라서 60갑자의 연주가 모인 60갑자년이 연주의 전체집합으로 사주체의 출발점이 된다. 또한 60갑자년의 시간이 발생하려면, 미리 60갑자년의 공간이 존재해야만 한다. 이런 60갑자년의 공간을 앞으로 '60甲子年宮'이라고 표기할 것이다.

공시간 계층구조에 입각한 사주팔자의 생성과정에서 가장 먼저 [그림115]처럼 60甲子年宮이 존재한다. 두 번째로 60甲子年宮에 태양이 들어오면, 60甲子年의 시간이 발생한다. 공간에 태양이 들어와서 태양에너지를 채우면, 시간이 발생한다.

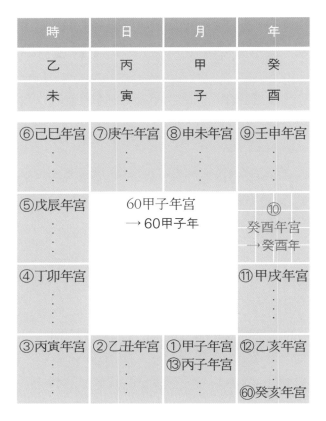

時	日	月	年
乙	丙	甲	癸
未	寅	子	酉

⑥己巳年宮	⑦庚午年宮	⑧申未年宮	⑨壬申年宮
⑤戊辰年宮	60甲子年宮 → 60甲子年		⑩ 癸酉年宮 →癸酉年
④丁卯年宮			⑪甲戌年宮
③丙寅年宮	②乙丑年宮	①甲子年宮 ⑬丙子年宮	⑫乙亥年宮 ⑥癸亥年宮

[그림115] 공시간 계층구조에서 연주의 생성

공간은 수직적 양음으로 대표되고, 시간은 수평적 오행으로 대표된다. 또한 수직인 공간과 수평인 시간이 교대로 발생하면서 공시간과 시공간이 완성된다. 따라서 공시간 계층구조에 입각하여 60甲子年의 시간이 발생하면, 60甲子年宮의 하위공간인 각각의 연주궁(年柱宮)이 60甲子年의 태양빛으로써 환하게 존재를 드러낸다. 이런 연주궁은 [그림115]처럼 〈①甲子年宮→②乙丑年宮→③丙寅年宮→…→⑩癸酉年宮→…→⑥癸亥年宮〉이 된다.

원래 각각의 연주궁은 60甲子年宮의 하위공간인데, 태양빛이 없기 때문에 어두운 상태로 존재한다. 그러다가 태양이 60甲子年宮에 들어와서 태양빛이 채워지면서 60甲子年의 시간이 발생하면, 연주궁이 밝게 드러난다.

다시 프랙탈 형태의 공시간 계층구조에 입각하여 연주궁 중 하나인 ⑩癸酉年宮에 태양이 들어오면, [그림115]처럼 癸酉年의 시간이 발생한다.

癸酉年의 시간이 발생하면, 癸酉年宮의 하위공간인 각각의 월주궁(月柱宮)이 癸酉年의 태양빛으로써 환하게 존재를 드러낸다. 이런 월주궁은 [그림116]의

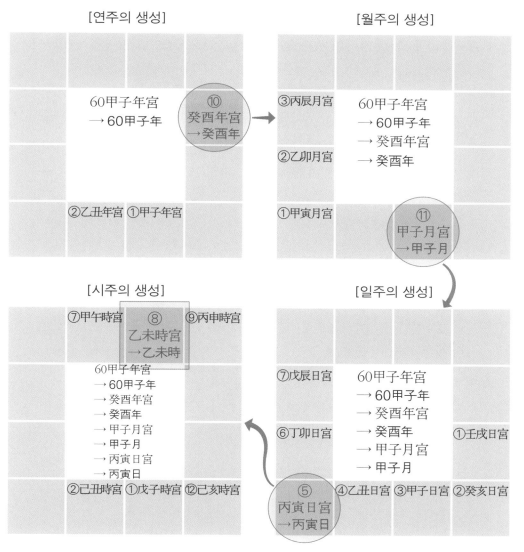

[그림116] 공시간 계층구조에서 사주팔자의 생성

사주체의 시공간 계층구조

두 번째처럼 〈①甲寅月宮→②乙卯月宮→③戊辰月宮→…→⑪甲子月宮→⑫乙丑月宮〉이 된다. 다시 공시간 계층구조에 입각하여 월주궁 중 하나인 ⑪甲子月宮에 태양이 들어오면, 甲子月의 시간이 발생한다.

甲子月의 시간이 발생하면, 甲子月宮의 하위공간인 각각의 일주궁(日柱宮)이 甲子月의 태양빛으로써 환하게 존재를 드러낸다. 이런 일주궁은 [그림116]의 세 번째처럼 〈①壬戌日宮→②癸亥日宮→③甲子日宮→④乙丑日宮→⑤丙寅日宮→⑥丁卯日宮→…〉이 된다. 다시 공시간 계층구조에 입각하여 일주궁 중 하나인 ⑤丙寅日宮에 태양이 들어오면, 丙寅日의 시간이 발생한다.

丙寅日의 시간이 발생하면, 丙寅日宮의 하위공간인 각각의 시주궁(時柱宮)이 丙寅日의 태양빛으로써 환하게 존재를 드러낸다. 이런 시주궁은 [그림116]의 네 번째처럼 〈①戊子時宮→②己丑時宮→③庚寅時宮→…→⑧乙未時宮→…

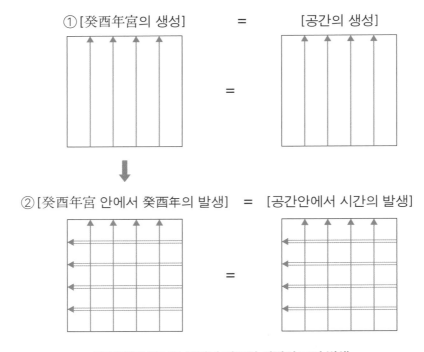

[그림117] 세로인 공간과 가로인 시간의 교차 발생

→⑫己亥時宮〉이 된다. 다시 공시간 계층구조에 입각하여 시주궁 중 하나인 ⑧ 乙未時宮에 태양이 들어오면, 乙未時의 시간이 발생한다.

공시간 계층구조를 이루는 사주(四柱, 네 기둥)에서 먼저 생성되는 공간은 세로의 수직선으로 표시되고, 두 번째로 생성되는 시간은 가로의 수평선으로 표시된다. 예컨대 [그림117]에서 공간인 癸酉年宮은 세로의 수직선으로 표시되고, 시간인 癸酉年은 미리 생성된 癸酉年宮을 대표하는 세로의 수직선과 직각을 이루는 수평선으로 표시된다.

지금까지 살펴본 공시간 계층구조를 이루는 사주에서 공간은 크기성질이 되고, 시간은 에너지로서 세기성질이 된다. 따라서 [그림116]의 공시간 계층구조를 이루는 사주팔자에서 크기성질인 공간만 표시한 것은, [그림118]이 된다.

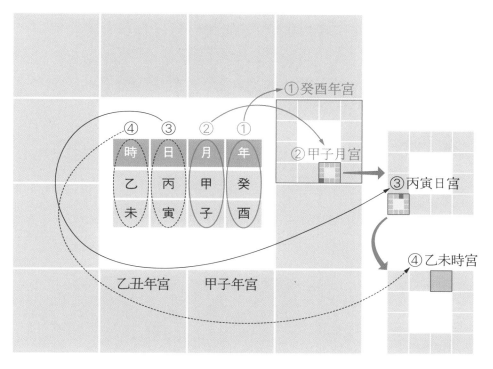

[그림118] 크기성질로만 형성된 사주팔자

사주체의 시공간 계층구조

[그림119]처럼 크기성질인 궁으로 이루어진 공간 계층구조에서 월주궁은 연주궁의 $\frac{1}{12}$이 되고, 일주궁은 월주궁의 약 $\frac{1}{30}$이 되며, 시주궁은 일주궁의 $\frac{1}{12}$이 된다. 역학에서 전체가 쪼개진 부분은 존재 자체가 성립될 수 없으므로, 크기성질인 공간들은 형충회합과 같은 상호작용을 하지 않는다. 따라서 크기성질인 궁들은 그릇처럼 세기성질인 시간을 담는 역할만 하면서 움직이지 않는다.

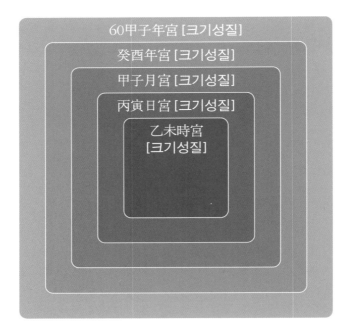

[그림119] 크기공간 계층구조를 이루는 연월일시

참고로 [그림119]의 제목에서는 '크기성질인 공간'을 '크기공간'으로 압축하여 이름을 붙였다.

지금까지 살펴본 공시간 계층구조에서 공간은 크기성질이 되고 시간은 에너지로서 세기성질이 된다. 그러나 사주팔자는 〈연주→월주→일주→시주〉의 시공간 계층구조로 짜인 세기성질의 집합체이다. 이렇게 사주체를 형성하는 시공간 계층구조는 다음처럼 연월일시가 생성되는 공시간 계층구조에서 도출된다.

공시간 계층구조에서 [그림120]의 ①처럼 먼저 크기성질인 연주궁 癸酉年宮이 생성된다. 크기성질인 癸酉年宮에 태양이 들어와서 시간인 癸酉年이 발생한다. 또한 癸酉年宮의 내부는 시간단위인 60甲子年과 癸酉年으로 채워진다. 60甲子年은 상위계층의 공간인 60甲子年宮에서 미리 발생한 시간이다. 시간은 세기성질로서 온도처럼 하위공간에도 동일한 크기로 채워진다. 상위계층에서 발생한 60甲子年은 하위공간인 癸酉年宮에도 동일한 크기로 존재한다.

크기공간인 癸酉年宮에 채워진 시간단위인 60甲子年에 의해서 [그림120]의 ②처럼 프랙탈 구조로써 크기공간인 癸酉年宮 내부의 십이지지궁에 60甲子年宮의 하위공간인 癸酉年宮[연주궁]이 발생한다. 이런 癸酉年宮은 세기성질인 시간 60甲子年에 의해서 종속적으로 발생하므로, 세기성질의 공간이 된다.

세기성질의 공간을 크기공간에 대응하여 '세기공간'으로 지칭한다. 세기공간은 시간에 의해서 발생하는 공간인 까닭에 시공간이 된다. 결과적으로 [그림120]의 ②에서 크기공간인 癸酉年宮의 내부에 세기공간인 癸酉年宮도 존재한다.

공시간 계층구조에 입각하여 두 번째 크기공간인 월주궁 甲子月宮의 내부는 [그림121]의 ③처럼 시간단위인 60甲子年, 癸酉年, 甲子月로 채워진다. 60甲子年과 癸酉年은 각각 상위계층의 공간인 60甲子年宮, 癸酉年宮에서 미리 발생한 시간이다. 상위계층에서 발생한 60甲子年과 癸酉年은 하위공간인 甲子月宮에도 동일한 크기로 존재한다.

크기공간인 甲子月宮에 채워진 시간단위인 60甲子年에 의해서 크기공간인 甲子月宮 내부의 십이지지궁에 세기공간인 癸酉年宮이 발생한다. 또한 크기공간인 甲子月宮에 채워진 시간단위인 癸酉年에 의해서 크기공간인 甲子月宮 내부의 십이지지궁에 세기공간인 甲子月宮이 발생한다.

공시간 계층구조에 입각하여 세 번째 크기공간인 일주궁 丙寅日宮의 내부는 [그림121]의 ④처럼 시간단위인 60甲子年, 癸酉年, 甲子月, 丙寅日로 채워진다. 60甲子年, 癸酉年, 甲子月은 각각 상위계층의 공간인 60甲子年宮, 癸酉年宮, 甲

時	日	月	年
乙	丙	甲	癸
未	寅	子	酉

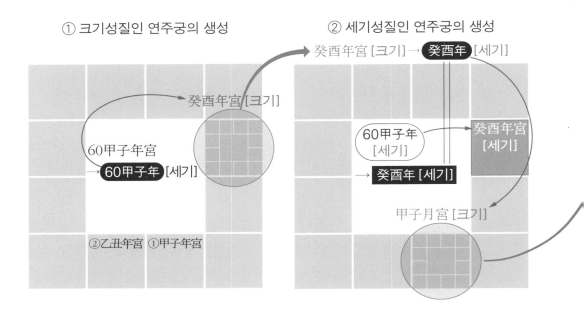

① 크기성질인 연주궁의 생성   ② 세기성질인 연주궁의 생성

[그림120] 크기공간과 세기공간의 순차적 생성 - 1

子月宮에서 미리 발생한 시간이다. 상위계층에서 발생한 60甲子年, 癸酉年, 甲子月은 하위공간인 丙寅日宮에도 동일한 크기로 존재한다.

크기공간인 丙寅日宮에 채워진 시간단위인 60甲子年에 의해서 크기공간인 丙寅日宮 내부의 십이지지궁에 세기공간인 癸酉年宮이 발생한다. 또한 크기공간인 丙寅日宮에 채워진 시간단위인 癸酉年에 의해서 크기공간인 丙寅日宮 내부의 십이지지궁에 세기공간인 甲子月宮이 발생한다. 그리고 크기공간인 丙寅日宮에 채워진 시간단위인 甲子月에 의해서 크기공간인 丙寅日宮 내부의 십이지지궁에 세기공간인 丙寅日宮이 발생한다.

공시간 계층구조에 입각하여 네 번째 크기공간인 시주궁 乙未時宮의 내부는

[그림121]의 ⑤처럼 시간단위인 60甲子年, 癸酉年, 甲子月, 丙寅日, 乙未時로 채워진다. 60甲子年, 癸酉年, 甲子月, 丙寅日은 각각 상위계층의 공간인 60甲子年

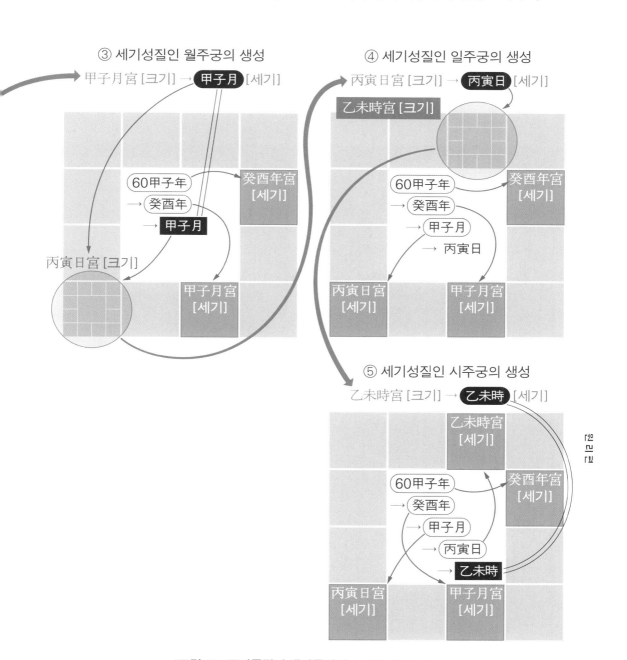

③ 세기성질인 월주궁의 생성

甲子月宮 [크기] → 甲子月 [세기]

④ 세기성질인 일주궁의 생성

丙寅日宮 [크기] → 丙寅日 [세기]

⑤ 세기성질인 시주궁의 생성

乙未時宮 [크기] → 乙未時 [세기]

[그림121] 크기공간과 세기공간의 순차적 생성 - 2

사주체의 시공간 계층구조

宮, 癸酉年宮, 甲子月宮, 丙寅日宮에서 미리 발생한 시간이다. 상위계층에서 발생한 60甲子年, 癸酉年, 甲子月, 丙寅日은 하위공간인 乙未時宮에도 동일한 크기로 존재한다.

크기공간인 乙未時宮에 채워진 시간단위인 60甲子年에 의해서 크기공간인 乙未時宮 내부의 십이지지궁에 세기공간인 癸酉年宮이 발생한다. 또한 크기공간인 乙未時宮에 채워진 시간단위인 癸酉年에 의해서 크기공간인 乙未時宮 내

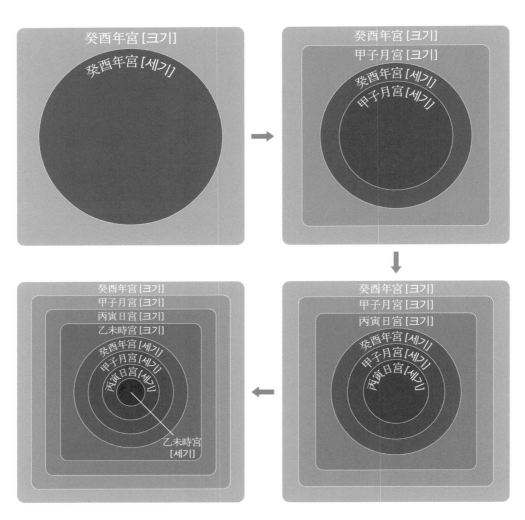

[그림122] 크기공간 안에 담겨진 세기공간

부의 십이지지궁에 세기공간인 甲子月宮이 발생한다. 그리고 크기공간인 乙未時宮에 채워진 시간단위인 甲子月에 의해서 크기공간인 乙未時宮 내부의 십이지지궁에 세기공간인 丙寅日宮이 발생한다. 마지막으로 크기공간인 乙未時宮에 채워진 시간단위인 丙寅日에 의해서 크기공간인 乙未時宮 내부의 십이지지궁에 세기공간인 乙未時宮이 발생한다.

지금까지 탐구한 세기공간이 크기공간인 각 기둥에 담겨지는 현상을 정리하면, [그림122]가 된다.

크기공간 癸酉年宮에는 세기공간 癸酉年宮이 담겨진다. 크기공간 癸酉年宮의 내부에 위치한 크기공간 甲子月宮에는 세기공간 癸酉年宮과 甲子月宮이 담겨진다. 내림차순으로 크기공간 癸酉年宮과 甲子月宮의 내부에 위치한 크기공간 丙寅日宮에는 세기공간 癸酉年宮, 甲子月宮, 丙寅日宮이 담겨진다. 마지막으로 크기공간 癸酉年宮, 甲子月宮, 丙寅日宮의 내부에 위치한 크기공간 乙未時宮에는 세기공간 癸酉年宮, 甲子月宮, 丙寅日宮, 乙未時宮이 담겨진다.

공시간 계층구조를 이루는 〈연주→월주→일주→시주〉의 크기공간 안에 담겨지는 〈연주→월주→일주→시주〉의 세기공간이 사주팔자의 물리적 실체이다. 더 간단하게 사주팔자를 정의하면, 세기공간인 〈연주, 월주, 일주, 시주〉의 순서로 짜인 시공간계층구조이다.

참고로 [그림122]에서 특정한 크기공간에 동일하게 가득 차는 각각의 세기공간을 포함관계로 그린 이유는 [그림123]처럼 세기공간의 발생 순서를 표시하기 위해서이다.

크기공간 癸酉年宮, 甲子月宮, 丙寅日宮의 내부에 위치한 크기공간 乙未時宮에는 세기공간 癸酉年宮, 甲子月宮, 丙寅日宮, 乙未時宮이 모두 똑같은 크기로 가득 담겨진다. 그러나 크기공간 乙未時宮에 담겨진 이러한 세기공간들의 원천에 해당하는 시간단위들은 미리 내림차순으로 생성되었다. 다시 말해서, 크기공간 乙未時宮에 담겨지는 세기공간 癸酉年宮, 甲子月宮, 丙寅日宮, 乙未時宮은 각

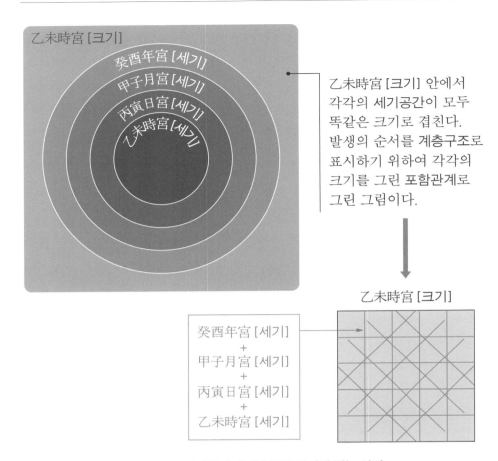

의 내용은 좌측 세로

乙未時宮 [크기] 안에서
각각의 세기공간이 모두
똑같은 크기로 겹친다.
발생의 순서를 계층구조로
표시하기 위하여 각각의
크기를 그린 포함관계로
그린 그림이다.

乙未時宮 [크기]

癸酉年宮 [세기]
+
甲子月宮 [세기]
+
丙寅日宮 [세기]
+
乙未時宮 [세기]

[그림123] 세기공간의 계층구조 표시가 갖는 의미

각 미리 순차적으로 발생한 시간단위인 60甲子年, 癸酉年, 甲子月, 丙寅日에 의
해서 발생한다. 따라서 세기공간 癸酉年宮, 甲子月宮, 丙寅日宮, 乙未時宮도 발
생의 원천인 시간단위를 따라서 순차적으로 발생하는 것이 된다.

2
근묘화실의 실체인 시공간 계층구조

사주명리학은 초경험적(超經驗的)인 형이상학(形而上學)이 아니라, 물리적 실체를 갖는 공간과 시간의 과학이다. 따라서 사주명리학의 해석법은 사주팔자의 물리적 실체에서 자동으로 도출된다.

사주팔자의 물리적 실체는 세기공간인 연주, 월주, 일주, 시주의 순서로 짜인 시공간 계층구조이다. 사주명리학에서는 이러한 시공간 계층구조를 '근묘화실(根苗花實)'이라고 부른다.

[표19]처럼 근묘화실 중에서 '근(根)'은 뿌리로서 사주의 시공간 계층구조에서 가장 큰 계층인 연주를 일컫는다. '묘(苗)', '화(花)', '실(實)'은 각각 모종, 꽃, 열매의 뜻이다. 또한 묘, 화, 실은 시공간 계층구조에서 각각 월주, 일주, 시주에 해당한다. 앞으로 이 책에서는 '시공간 계층구조'를 주로 '근묘화실'로 부른다.

[표19] 시공간 계층구조인 근묘화실

실(實)-열매	화(花)-꽃	묘(苗)-모종	근(根)-뿌리	시공간 계층구조
시주(時柱)	일주(日柱)	월주(月柱)	연주(年柱)	사주(四柱)

시공간 계층구조에 의해서 크기공간의 시주궁(時柱宮)에는 세기공간인 연주, 월주, 일주, 시주 모두가 가득 차서 존재한다. 따라서 시주가 근묘화실 중 '열매인 실(實)'이 된다.

근묘화실은 사주체를 해석하는 순서와 방법이 된다. 일반적으로 사주체를 '원명(原命)'이라고 부른다. 또한 근묘화실은 대운(大運), 유년(流年) 등처럼 시간의 흐름에 따른 운(運)을 추론(推論)하는 순서와 방법도 된다.

원명의 해석에서 근묘화실은 크게 두 가지 기능을 갖는다. 첫 번째 기능은 비견(比肩)인 동일한 천간이 2개 이상일 때 통근의 여부(與否)를 결정한다. 다시 말해서, 원명의 해석에서 〈근[연주]→묘[월주]→화[일주]→실[시주]〉의 내림차순 포함관계를 통해서 2개 이상 존재하는 동일한 천간들의 통근 여부가 결정된다. 두 번째 기능은 지지들 사이의 형충회합과 천간들 사이의 생극(生剋)이 발생하는 순서를 결정한다.

원명의 해석에서 근묘화실의 첫 번째 기능은 다음의 사례들을 통해서 더 상세하게 이해될 수 있다.

(사례1) 근묘화실에 의해서 통근의 여부가 갈리는 경우 – 1

時	日	月	年	
壬	癸	癸	壬	天干
戌	卯	卯	子	地支
辛	甲	甲	壬	
丁				地藏干
戊	乙	乙	癸	

월간 癸水-(계수음)과 일간 癸水-은 모두 연지 子의 본기 癸에 통근하는 것처럼 보인다. 그러나 근묘화실에 입각하여 월간 癸水-은 연지 子의 본기 癸에 통근하나, 일간 癸水-은 연지 子의 본기 癸에 통근하지 못한다. 왜냐하면, 세기성질인 연지 子가 〈근[연주]→묘[월주]→화[일주]→실[시주]〉의 내림차순 포함관계를 통해서 먼저 월주에 담겨지기 때문이다.

월주에 담겨진 연지 子의 본기 癸가 위의 그림 ❶처럼 상승운동으로 월간 癸水-을 통근시킨다. 또한 연지 子는 월주에 이어서 일주에도 담겨진다. 일주에 담겨진 연지 子의 본기 癸가 위의 그림 ❷처럼 상승운동으로 일간 癸水-을 통근시켜야 된다. 그러나 연지 子의 본기 癸가 이미 월주에서 월간 癸水-을 통근시켜서 일간 癸水-을 통근시킬 여력(餘力)이 없다.

연지 子의 본기 癸에 월간 癸水-은 통근하나 일간 癸水-은 통근하지 못하는 것은, 사회 속의 경쟁자[월간]가 인사명령권자[연지]에게 발탁되어서 나[일간]는 경쟁에서 지는 삶의 모습으로 발현된다. 그래서 이 명조의 주인공은 학교를 비롯한 사회에서 경쟁을 싫어했고, 학업의 성취도 약했다.

일간 癸水-은 통근처가 없어서 독립심이 없고 의지가 약하다. 통근처가 없는 일간이 힘을 얻는 방법은 정인(正印)의 진생과 편재(偏財)의 진극이다. 이 사주는 나의 자유공간인 시지의 정관(正官) 戌의 중기 丁 편재가 일간의 의존처가 된다. 따라서 명조의 주인공은 의지가 약하여 나에게 속하는 남자로부터 나오는 돈에 의존한다. 시지의 정관이 나에게 속하는 남자가 되고, 시지의 정관 戌의 중기 丁 편재가 나에게 속하는 남자로부터 나오는 돈이 된다.

천간이 양지(陽地)의 삶이라면, 지지는 음지(陰地)의 삶이다. 따라서 時干은 국가의 허가처럼 드러내놓고 하는 개인적인 활동이고, 時支는 허가받지 않는 비밀스러운 개인적인 공간이다. 이 사주에서 일간 癸水-이 비밀스러운 개인공간인 시지의 정관(正官) 戌의 중기 丁 편재에만 의존하므로, 이 명조의 주인공은 화류계(花柳界)에 종사하였다.

참고로 일지 卯 식신(食神)이 시지 정관 戌과 육합을 형성한다. 육합은 시간합의 전제조건에서 형성된 공간대칭이다. 따라서 일지 卯 식신과 시지 정관 戌은 같은 시간 즉 육합오행 火로 묶여서 유정(有情)하다. 일지 卯 식신은 배우자궁에서 자녀의 쓰임이므로, 자녀를 낳은 생식기(生殖器)로 뜻이 확대된다. 결과적으로 시지 戌의 정관은 애정(愛情)으로 나한테 묶이는 남자가 된다.

식상(食傷)은 자신을 표현하는 것이므로, 자신의 욕망을 표출하는 육친과 활동이 된다. 특히 배우자궁인 일지와 자녀궁인 시지에 관련된 식상은 애정에 대한 욕망표출 활동이 된다.

이 사주에서 연지 子가 시공간 계층구조를 통해서 월지 卯에 담겨지면, 자묘형(子卯刑)이 발생한다. 지지들 사이의 형은 마찰열로 기력(氣力)의 손실만 있다. 따라서 형에 참여하는 지지들은 기력의 손실을 안은 채 살아남아서 시공간 계층구조의 아래 계층으로 내려간다.

(사례2) 근묘화실에 의해서 모든 천간이 통근이 되는 경우 - 1

월간 癸水-과 일간 癸水-은 모두 일지 丑의 여기 癸에 통근하는 것처럼 보인다. 일간 癸水-이 같은 기둥의 일지 丑의 여기 癸에 통근하는 것은 당연하다. 이런 상황에서 월간 癸水-도 일지 丑의 여기 癸에 온전하게 통근한다. 그 이유는 다음과 같다.

월주 癸巳는 시공간 계층구조에 의해서 위의 그림 하단처럼 일주 癸丑에 담겨진다. 따라서 크기공간 일주궁에는 세기공간인 일주 癸丑과 월주 癸巳가 완전히 겹쳐서 존재한다. 이처럼 같은 기둥에 일주와 월주가 존재하므로, 월간 癸水-과 일간 癸水-이 일지 丑의 여기 癸에게 동시에 통근을 한다.

일간 癸水-이 일지 丑의 여기 癸에만 통근하므로, 일간의 유일한 통근처가 배우자 자리인 일지이다. 따라서 이 명조의 주인공은 배우자를 본인의 전초기지로 삼는다. 이 명조의 주인공은 배우자궁인 일지궁이 통근처가 되므로, 배우자와 함께 집이 삶의 전초기지가 된다. 실제로 이 명조의 주인공은 정형외과 의사와 결혼하여 전업주부 생활을 한다.

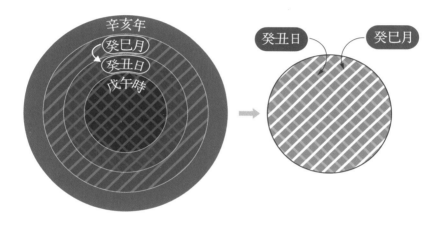

時	日	月	年	
戊	癸	癸	辛	天干
午	丑	巳	亥	地支
丙	癸	戊	戊	地藏干
己	辛	庚	甲	
丁	己	丙	壬	

辛亥年
癸巳月
癸丑日
戊午時

癸丑日   癸巳月

일간 癸水-과 월간 癸水-이 모두 일지 丑의 여기 癸에 통근하는 것은 나[일간]와 형제[월간]가 모두 같은 역량을 갖추고 있는 삶의 모습으로 발현된다. 또한 일간의 통근처가 배우자궁인 일지이므로, 나는 배우자가 생기면서 더욱 의지가 강해졌다. 동시에 월간의 통근처도 일지이므로, 내가 결혼하면서 내 가정의 지원 속에서 내 형제들도 의지가 강해져서 삶을 개척하였다.

배우자의 존재에 대한 필요성과 편안한 정도는 배우자의 체(體)인 일지궁이 일간한테 끼치는 역할로 결정된다. 또한 용(用)에 해당하는 배우자의 쓰임과 운(運)은 남자는 처를 의미하는 십성인 재성(財星), 여자는 남편에 해당하는 십성인 관성(官星)으로 해석된다.

남편의 쓰임인 시간 戊 정관은 시지 午의 본기 丁으로부터 진생을 받는다. 그런데 시간 戊의 입장에서는 시지 午가 양인살(羊刃殺)이 된다. '양인살'은 羊(양 양)과 刃(칼날 인)의 합성어로서 양을 잡는 칼날을 의미하는 신살(神殺)의 준말이다. 또한 '신살'은 길신(吉神)과 흉살(凶殺)의 준말이다. 따라서 양인살의 본래 말은 '양인신살(羊刃神殺)'이 된다.

이 사주에서 시간 戊 정관이 양인살인 시지 午와 같은 기둥에 있으면서 본기 丁으로부터 진생을 받아서 생존하므로, 칼을 비롯한 수술도구를 사용하는 정형외과 의사 남편을 만난 것이다. 양인살은 칼로 사람의 생사(生死)를 다루는 의약계, 법조계, 경찰, 군인 등의 직업과 관련이 깊다. 또한 시간 戊土+ 정관이 연지 亥의 본기 壬水+(임수양)을 진극하면서 +1점을 획득하므로, 나의 남편은 국가기관[연지]에서 돈[본기 壬]이 생기는 사람이 된다. 시간 戊土+ 정관의 입장에서는 연지 亥의 본기 壬水+은 편재가 된다.

양인살은 甲丙戊庚壬의 양간(陽干)을 기준으로 [표20]처럼 정의된다. 이처럼 양인살이 양간을 기준으로 정의되는 까닭에 '양인(陽刃)'으로 불리기도 하고, 양간에 대조하여 음간을 기준으로 정의되는 칼날의 신살은 '음인살(陰刃殺)'이 된다. 음인살은 [표21]에 제시되었다.

[표20] 양인살

양의 천간	甲	丙	戊	庚	壬
양인살	卯	午	午	酉	子

[표21] 음인살

음의 천간	乙	丁	己	辛	癸
음인살	辰	未	未	戌	丑

양인살과 음인살은 모두 동양점성술인 자미두수(紫微斗數)의 육살성(六殺星) 중 하나인 경양(擎羊)에 해당한다. 경양의 설계원리를 양간 甲으로 사례를 들어서 간단히 살펴보면, [그림124]가 된다.

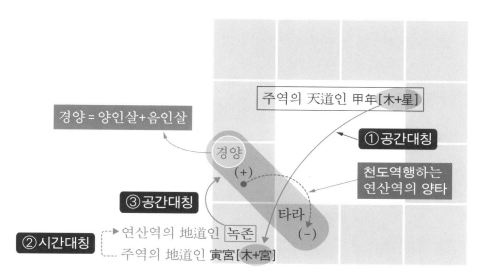

[그림124] 양인살과 음인살의 생성원리

[그림124]처럼 주역(周易)의 천도(天道)인 천간 甲木+은 공간대칭을 통해서 주역의 지도(地道)인 寅宮에 대응된다. 이처럼 천간과 오행양음이 같은 지지를 '건록지(建祿地)'라고 부른다. 천간 甲木+의 건록지는 寅宮이 된다. 다시 寅宮을 같은 공간에서 시간대칭 변환시키면, 연산역(連山易)의 지도(地道)인 녹존(祿存)이 된다. 마지막으로 연산역의 지도인 녹존을 공간대칭 변환시키면, 연산역의 천도인 경양(擎羊)과 타라(陀羅)가 된다. 이 중에서 경양이 사주명리학에서 사용하는 양인살과 음인살이 된다.

지금까지 탐구한 것처럼 양인살과 음인살은 〈공간대칭 → 시간대칭 → 공간대칭〉을 통해서 생성되었다. 이러한 공간대칭과 시간대칭이 발생하기 위한 전제조건인 합(合)으로 대체하여 표시하면, 양인살과 음인살은 〈시간합→공간합→시

사주체의 시공간 계층구조

간합)을 통해서 생성된 것이 된다. 대부분의 신살은 양인살과 음인살처럼 공간대칭과 시간대칭을 통해서 생성된다.

참고로 '주역(周易)'은 지구의 공전과 자전으로 발생하는 태양의 운동을 해시계와 북두칠성으로 측정한 것을 표시한 상수학(象數學)이고, '연산역(連山易)'은 주로 달의 운동을 28수로 측정한 것을 표시한 상수학이다.

(사례3) 통근처가 여러 개인 경우

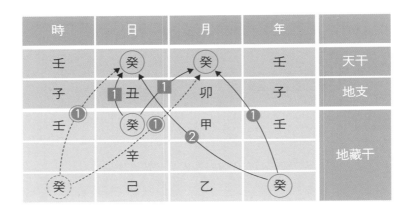

월간 癸水-과 일간 癸水-은 모두 연지 子, 일지 丑, 시지 子의 지장간 癸에 통근하는 것처럼 보인다. 그러나 근묘화실에 의해서 월간 癸水-과 일간 癸水-이 연지, 일지, 시지에 통근하는지 여부가 결정된다.

첫 번째로 월간 癸水-과 일간 癸水-은 모두 연지 子의 본기 癸에 통근하는 것처럼 보인다. 그러나 근묘화실에 입각하여 월간 癸水-은 연지 子의 본기 癸에 통근하나, 일간 癸水-은 연지 子의 본기 癸에 통근하지 못한다.

월주에 담겨진 연지 子의 본기 癸가 위의 그림 ❶처럼 상승운동으로 월간 癸水-을 통근시킨다. 또한 연지 子는 월주에 이어서 일주에도 담겨진다. 일주에 담겨진 연지 子의 본기 癸가 위의 그림 ❷처럼 상승운동으로 일간 癸水-을 통근시켜야 된다. 그러나 연지 子의 본기 癸가 이미 월주에서 월간 癸水-을 통근시켜서 일간 癸水-을 통근시킬 여력이 없다.

연지 子의 본기 癸에 월간 癸水-은 통근하나 일간 癸水-은 통근하지 못하는 것은, 사회 속의 경쟁자[월간]가 인사명령권자[연지]에게 발탁되어서 나[일간]는 경쟁에서 지는 삶의 모습으로 발현된다. 그래서 명조의 주인공은 학교를 비롯한 사회에서 경쟁을 싫어했고, 학업의 성취도 약했다.

두 번째로 월간 癸水-과 일간 癸水-은 모두 일지 丑의 여기 癸에 통근한다. 왜냐하면, 월주 癸卯는 시공간 계층구조에 의해서 일주 癸丑에 담겨진다. 따라서 크기공간 일주궁에는 세기공간 일주 癸丑과 월주 癸卯가 완전히 겹쳐서 존재한다. 이처럼 같은 기둥에 일주와 월주가 존재하므로, 월간 癸水-과 일간 癸水-이 일지 丑의 여기 癸에 동시에 통근을 한다.

일간 癸水-이 일지 丑의 여기 癸에 통근하므로, 일간의 통근처 중 하나가 배우자 자리인 일지가 된다. 따라서 이 명조의 주인공은 배우자를 본인의 전초기지로 삼는다. 이 명조의 주인공은 배우자궁인 일지궁이 통근처 중 하나가 되므로, 배우자와 함께 집이 삶의 전초기지가 된다.

일간 癸水-과 월간 癸水-이 모두 일지 丑의 여기 癸에 통근하는 것은, 나[일간]와 형제[월간]가 모두 같은 역량을 갖추고 있는 삶의 모습으로 발현된다. 또한 일간의 통근처 중 하나가 배우자궁인 일지이므로, 나는 배우자가 생기면서 더욱 의지가 강해졌다. 동시에 월간의 통근처 중 하나가 일지이므로, 내가 결혼하면서 내 가정의 지원 속에서 내 형제들도 의지가 강해져서 삶을 개척하였다.

세 번째로 월간 癸水-과 일간 癸水-은 모두 시지 子의 본기 癸에 통근한다. 왜냐하면, 월주 癸卯와 일주 癸丑은 시공간 계층구조에 의해서 시주 壬子에 담겨진다. 따라서 크기공간 시주궁(時柱宮)에는 세기공간인 시주 壬子와 월주 癸卯, 일주 癸丑이 완전히 겹쳐서 존재한다. 이처럼 같은 기둥에 일주와 월주가 존재하므로, 월간 癸水-과 일간 癸水-이 시지 子의 본기 癸에 동시에 통근을 한다.

일간 癸水-이 시지 子의 본기 癸에 통근하므로, 일간의 또 다른 통근처가 개인공간인 시지가 된다. 따라서 이 명조의 주인공은 개인공간을 자기발전의 원동력으로 삼는다. 이 명조의 주인공은 개인공간인 어선을 이용하여 어업과 수산업을 한다.

일간 癸水-과 월간 癸水-은 모두 시지 子의 본기 癸에 통근하는 것은, 나[일간]와 형제[월간]가 모두 같은 역량을 갖추고 있는 삶의 모습으로 발현된다. 또한 일간의 통근처 중 하나가 개인공간인 시지이므로, 나는 자수성가(自手成家)하였다. 동시에 월간의 통근처 중 하나가 시지이므로, 내가 하는 개인 사업을 통한 지원 속에서 내 형제들도 의지가 강해져서 삶을 개척하였다.

참고로 수산업에 종사하는 이유는 일주 癸丑에서 丑이 일간 癸水-의 음인살(陰刃殺)인 통근처가 되고, 일간이 월지 卯木- 식신을 생업수단으로 사용하기 때문이다.

일간이 음인살인 丑에 통근하므로, 칼이나 검 등을 가지고 생사의 결정권을 행사하는 경향성을 갖는다. 또한 일지와 시지에 통근하여 능동적인 역량을 확보한 일간은 사회적인 대인관계궁인 월지에서 卯木- 식신의 기술을 사용한다. 卯는 물상(物象)으로 손과 발에 해당한다. 특히 월주 癸卯에서 월간이 癸水 즉, 물이므로 월지의 卯木은 손과 발을 이용하는데 물의 겉껍데기로 표시된다. 다시 정리하면, 이 명조의 주인공은 칼을 가지고 손을 사용하여 물과 관련된 일인 어업을 한다.

(사례4) 근묘화실에 의해서 통근의 여부가 갈리는 경우 - 2

연간 庚金+(경금양)과 일간 庚金+은 모두 연지 申의 본기 庚에 통근하는 것처럼 보인다. 그러나 근묘화실에 입각하여 연간 庚金+은 연지 申의 본기 庚에 통근하나, 일간 庚金+은 연지 申의 본기 庚에 통근하지 못한다.

연주에 담겨진 申의 본기 庚은 위의 그림 ❶처럼 상승운동으로 연간 庚金+을 통근시킨다. 또한 연지 申은 시공간 계층구조에 입각하여 월주에 이어서 일주에도 담겨진다. 일주에 담겨진 申의 본기 庚은 위의 그림 ❷처럼 상승운동으로 일

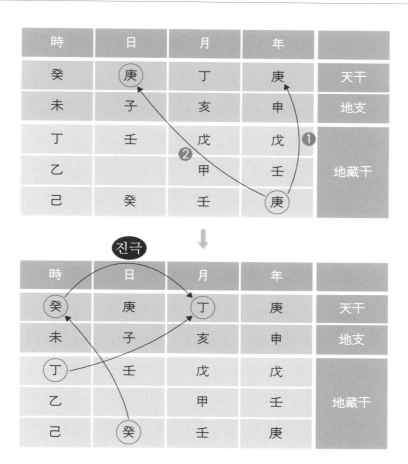

간 庚金+을 통근시켜야 된다. 그러나 연지 申의 본기 庚은 이미 연주에서 연간 庚金+을 통근시켜서 일간 庚金+을 통근시킬 여력이 없다.

연지 申의 본기 庚에 연간 庚金+은 통근하나 일간 庚金+은 통근하지 못하는 것은, 국가기관이나 학교 속의 경쟁자[연간]가 인사명령권자[연지]에게 발탁되어서 나[일간]는 경쟁에서 지는 삶의 모습으로 발현된다. 그래서 명조의 주인공은 학교에서 경쟁을 싫어했고, 학업의 성취도 약했다.

일간 庚金+은 통근처가 없어서 독립심이 없고 의지가 약하다. 통근처가 없는 일간이 힘을 얻는 방법은 정인의 진생과 편재의 진극이다.

일간 庚金+은 일지 子와 水方 반회로 묶인 월지 亥의 중기 甲木+ 편재에게서 +1점을 획득한다. 일지와 반회를 이루는 월지 亥 식신 속에 편재는 일간의 의지처가 된다. 이것을 삶의 모습으로 바꾸면, 이 사람은 애정[亥 식신]을 통해서 나오는 돈[편재]에 의존한다. 실제로 이 사람은 화류계에 종사하였다.

일간 庚金+은 시지 未의 본기 己土- 정인에게 진생을 받는다. 이것은 나의 개인공간에 속한 부동산이 삶의 터전이 되기도 한다는 것을 의미한다. 그러나 일간이 속하는 일지가 월지와 반회를 형성해서 묶이므로, 일간은 월지 亥 식신 속의 편재에 더 의존한다.

참고로 위의 그림 하단처럼 일지 子의 본기 癸에 통근한 시간 癸水- 상관은 월간 丁火- 정관을 진극한다. 이런 현상을 『자평진전』을 비롯한 고서에서 "상관견관위화백단(傷官見官爲禍百端 : 상관이 정관을 보면, 백가지 재앙이 발생한다.)"이라 했다.

이 사주에서는 시간 癸水- 상관은 월지 亥와 水方 반회를 형성하는 일지 子의 본기 癸에 통근하였고, 월간 丁火- 정관은 시지 未의 여기 丁에 통근하였다. 따라서 시간 癸水- 상관은 매우 강력하고, 월간 丁火- 정관은 상관에 비교해서 상대적으로 약하다. 이런 상황에서 시간 癸水- 상관이 월간 丁火- 정관을 진극하면, 정관은 날라 간다. 이런 상황을 이 사람의 삶에 대입하면, 자식[일지에 통근한 상관]이 생기면 개인적으로 사귀는 남자[시지에 통근한 정관]가 무능해지는 현상으로 나타난다.

(사례5) 근묘화실에 의해서 모든 천간이 통근이 되는 경우 - 2

월간 庚金+과 일간 庚金+은 모두 일지 申의 본기 庚에 통근하는 것처럼 보인다. 일간 庚金+이 같은 기둥의 일지 申의 본기 庚에 통근하는 것은 당연하다. 이런 상황에서 월간 庚金+도 일지 申의 본기 庚에 온전하게 통근한다. 그 이유는 다음과 같다.

월주 庚戌은 시공간 계층구조에 의해서 일주 庚申에 담겨진다. 따라서 크기공간 일주궁에는 세기공간인 일주 庚申과 월주 庚戌이 완전히 겹쳐서 존재한다.

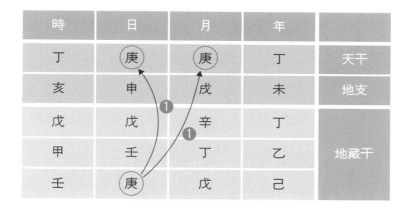

時	日	月	年	
丁	庚	庚	丁	天干
亥	申	戌	未	地支
戊	戊	辛	丁	
甲	壬	丁	乙	地藏干
壬	庚	戊	己	

이처럼 같은 기둥에 일주와 월주가 존재하므로, 월간 庚金+과 일간 庚金+이 일지 申의 본기 庚에게 동시에 통근을 한다.

일간 庚金+이 일지 申의 본기 庚에만 통근하므로, 일간의 유일한 통근처가 배우자 자리인 일지이다. 따라서 이 명조의 주인공은 배우자를 본인의 전초기지로 삼는다. 이 명조의 주인공은 배우자궁인 일지궁이 통근처가 되므로, 배우자와 함께 집이 삶의 전초기지가 된다.

일간 庚金+과 월간 庚金+이 모두 申의 본기 庚에 통근하는 것은, 나[일간]와 형제[월간]가 모두 같은 역량을 갖추고 있는 삶의 모습으로 발현된다. 또한 일간의 통근처가 배우자궁인 일지이므로, 나는 배우자가 생기면서 더욱 의지가 강해졌다. 동시에 월간의 통근처도 일지이므로, 내가 결혼하면서 내 가정의 지원 속에서 내 형제들도 의지가 강해져서 삶을 개척하였다. 이 남자는 광고업을 하였다.

원명의 해석에서 근묘화실의 두 번째 기능은 지지들 사이의 형충회합과 천간들 사이의 생극(生剋)이 발생하는 순서를 결정한다. 두 번째 기능은 다음의 [그림125]와 [그림127]을 통해서 간략하게 살펴본다. 두 번째 기능에 대한 상세한 탐구는『사주명리학의 과학적 탐구 - 실전편』에 실린다.

지지들 사이의 형충회합은 근묘화실의 시공간 계층구조를 통해서 〈연주→월주→일주→시주〉의 내림차순으로 발생한다. [그림125]에서 연지가 시공간 계

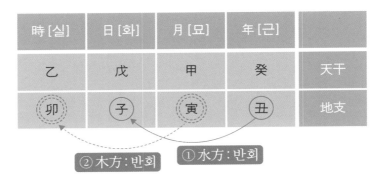

時 [실]	日 [화]	月 [묘]	年 [근]	
乙	戊	甲	癸	天干
卯	子	寅	丑	地支

② 木方 : 반회　　① 水方 : 반회

[그림125] 근묘화실에 입각한 형충회합 - 1

충구조를 통해서 월지를 걸쳐 일지로 내려가 담겨진다. 그 결과로서 크기공간인 일지궁에 담겨진 세기공간인 연지 丑과 일지 子는 子丑 水方 반회를 형성한다. 또한 월지가 시공간 계층구조를 통해서 일지를 걸쳐 시지로 내려가 담겨진다. 그 결과로서 크기공간인 시지궁에 담겨진 세기공간인 월지 寅과 시지 卯는 寅卯 木方 반회를 형성한다.

[그림125]의 일간 戊土+이 寅卯 木方 반회에 통근하여 강력한 월간 甲木+ 편관(偏官)에게 진극을 받는다. 그러나 일간 戊土+이 子丑 水方 반회로 강력해진 水+ 편재를 진극하여 득기(得氣)한다. 따라서 편재로 득기한 일간 戊土+은 월간 甲木+ 편관(偏官)에 대항할 수 있다. 이처럼 일간 戊土+은 편재를 사용하여 생존한다. 그 결과 명조의 여자 주인공은 감정평가사이며, 30대 중반에 결혼하였다.

참고로 월지 寅의 여기 戊는 일간 戊土+의 통근처가 되지 못한다. 실제 사주의 해석에서 寅申巳亥의 여기 戊는 戊土+의 통근처가 되지 못한다. 왜냐하면, 寅申巳亥의 여기 戊가 갖는 배속일수 7일이 각각의 오행방(五行方)에 해당하는 양간의 지장간에 합해져야만 1년 360일을 구성하는 각 오행방의 배속일수인 72일이 되기 때문이다.

예컨대 [그림126]에서 水方의 지장간이 72일의 배속일수를 갖기 위해서는 亥여기 戊의 배속일수인 7일까지 지장간 壬과 癸의 배속일수에 더해져야만 된다. 다시 말해서, [그림126]처럼 〈①亥의 여기 戊 7일 + ②亥의 본기 壬 16일 + ③子

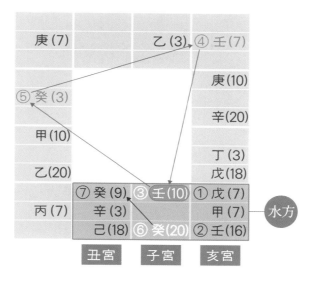

[그림126] 亥 여기 戊의 본성

의 여기 壬 10일 + ④申의 중기 壬 7일 + ⑤辰의 중기 癸 3일 + ⑥子의 본기 癸 20
일 + ⑦丑의 여기 癸 9일〉= 72일이 된다.

　위에서 살펴본 것처럼, 亥 여기 戊의 배속일수인 7일까지 지장간 壬의 배속일
수에 더해져야만 1년 360일 중 水方의 배속일수인 72일이 된다. 따라서 亥 여기
戊는 겉껍데기는 土+이지만, 속의 본성은 壬水+이 된다. 이와 같은 방식으로 寅
申巳亥의 여기 戊는 비록 겉껍데기는 土+이지만 속의 본성은 각 오행방의 양간
이 된다. 이런 寅申巳亥의 여기 戊가 갖는 본성 때문에, 실제 사주의 해석에서 寅
申巳亥의 여기 戊는 戊土+의 통근처가 되지 못한다.

　[그림127]의 사주팔자는 [그림125]의 사주팔자에서 연지만 丑에서 巳로 바
뀐 명조이다. [그림127]의 사주팔자에서 월지가 시공간 계층구조를 통해서 일
지를 걸쳐 시지로 내려가 담겨진다. 그 결과로서 크기공간인 시지궁에 담겨진
세기공간인 월지 寅과 시지 卯는 寅卯 木方 반회를 형성한다.
　[그림127]의 일간 戊土+은 寅卯 木方 반회에 통근하여 강력한 월간 甲木+ 편

사주체의 시공간 계층구조

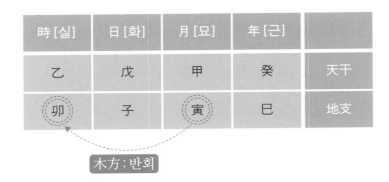

時 [실]	日 [화]	月 [묘]	年 [근]	
乙	戊	甲	癸	天干
卯	子	寅	巳	地支

木方 : 반회

[그림127] 근묘화실에 입각한 형충회합 - 2

관에게 진극을 받는다. 또한 일간 戊土+은 일지 子의 여기 壬水+ 편재를 진극하면서 득기한다. 그러나 단지 일지의 여기에만 득기한 일간 戊土+은 寅卯 木方 반회에 통근하여 강력한 월간 甲木+ 편관에 대항하기에는 중과부적(衆寡不敵)이다. 따라서 이 명조의 주인공은 편관에게 괴롭힘을 당하는 삶이 되었다. 실제로이 여자는 화류계에 종사하였다.

'근묘화실'이란 용어가 사용된 고서는 『낙록자부주(珞琭子賦注)』, 『낙록자삼명소식부주(珞琭子三命消息賦注)』, 『이허중명서(李虛中命書)』, 『연해자평』 등이 있다. 이런 고서들 대부분이 전국시대(戰國時代)의 낙록자가 저술한 『낙록자부(珞琭子賦)』에 나오는 다음의 구절을 인용하여 근묘화실을 소개하였다.

"싹이 움트는 조짐에 보임으로써 그 근원이 드러난다. 뿌리가 싹보다 먼저 존재하고, 열매는 꽃의 뒤를 따른다."

"觀乎萌兆, 察以其源. 根在苗先, 實從花後."

특히 『연해자평』「논일위주(論日爲主)」에서는 "以年爲根, 以月爲苗, 以日爲花, 以時爲果(年을 뿌리로 삼고, 月을 싹으로 삼고, 日을 꽃으로 삼고, 時를 열매로 삼는다)." 라고 말하였다. 이처럼 『연해자평』은 사주체의 네 기둥에 근묘화실을 도입하였다.

3

모자멸자의 해소책인 통근

모자멸자(母慈滅子)는 어머니가 너무 자상해서 자식을 망친다는 뜻이다. 사주명리학에서 모자멸자는 생(生)을 하는 오행양음의 세력이 너무 커서 오히려 생을 받는 천간이 무력해지는 현상을 말한다.

일반적으로 생은 도와주는 것이므로 무조건 좋다고 생각하지만, 실제로는 생을 하는 오행이 생을 받는 오행보다 지나치게 강하면 오히려 적절한 극(剋)보다 더 큰 피해를 초래한다.

예컨대 땔감은 산더미만큼 많으나 촛불처럼 작고 약한 불이면 오히려 땔감이 촛불을 살리기는커녕 산소의 부족을 초래하여 촛불을 꺼뜨린다. 또한 홍수가 날 정도로 물이 차고 넘치면 나무는 뿌리가 약해서 연약한 상태가 되어 오히려 물이 나무를 키우기는커녕 나무를 물에 띄워서 죽게 만든다.

모자멸자 현상을 오행별로 더 자세히 정리하여 [표22]에 제시하였다.

[표22] 오행별 모자멸자 현상

오행의 생	오행별 모자멸자의 명칭	뜻풀이
木 → 火	목다화식(木多火熄)	나무가 많아서 불이 식는다.
火 → 土	화염토조(火炎土燥)	불이 너무 강해서 흙이 메마른다.
土 → 金	토다금매(土多金埋)	흙이 너무 많아서 쇠가 땅에 묻힌다.
金 → 水	금다수탁(金多水濁)	쇠가 너무 많아서 물이 흐려진다.
水 → 木	수다부목(水多浮木)	물이 너무 많아서 나무가 물에 뜬다.

사주체에서 모자멸자 현상은 인성(印星)이 방(方 : 삼회, 반회)과 국(局 : 삼합, 반합)으로 형성되었으나 일간이 통근하지 않았을 때 발생한다. 반면에 통근한 일간은 방과 국으로 형성된 거대한 인성을 잘 흡수하므로 모자멸자 현상이 발생하지 않는다.

인성이 방과 국으로 형성될 때 발생하는 모자멸자 현상은 근대 중국의 서락오(徐樂吾)가 1937년에 저술한 『적천수보주(滴天髓補註)』권이(卷二)「반국(反局)」의 다음 구절에서도 찾을 수 있다.

"모자멸자는 인수가 방을 이루거나 국을 이루는 형상이 이미 갖추어진 것이다."

"母慈滅子, 印綬成方成局, 形象已成也."

모자멸자를 해소하는 통근의 기능은, 『연해자평』권사(卷四)「십간체상(十干體象)」에 나오는 다음 구절에서도 주목하고 있다.

"《辛》······ 록(祿)에 앉아서 신왕지(身旺地)에 통근하면, 어찌 후중한 토(土)가 그것의 형상(形狀)을 매몰(埋沒)시키는 것을 근심하겠는가?"

"《辛》······ 坐祿通根身旺地, 何愁厚土沒其形."

방과 국에 의한 모자멸자 현상과 통근에 의한 모자멸자의 해소를 구체적으로 다음의 사례들로 살펴보자.

(사례1) 木方 반회로 모자멸자가 발생한 경우 – 1

일간 丙火+(병화양)이 일지 寅의 중기 丙火에 통근하는 것처럼 보인다. 그러나 일지 寅과 월지 卯의 寅卯 木方 반회가 寅의 중기 丙火를 식게 만든다. 따라서 일간 丙火+이 일지 寅의 중기 丙火에 통근하는 것이 약해진다. 오히려 일간 丙火+

時	日	月	年	
戊	丙	己	乙	天干
子	寅	卯	卯	地支
壬	戊	甲	甲	地藏干
	丙			
癸	甲	乙	乙	

조차도 세력이 커진 인성(印星) 木方 반회에 식는다. 이런 현상을 목다화식(木多火熄)이라고 부른다.

일간 丙火+이 목다화식에 의해서 약해지므로, 일간 丙火+은 연간의 乙木- 정인(正印)도 부담스러워 사용하지 않는다. 따라서 이 명조의 주인공은 연간이 의미하는 학업에 정진하지 않았다. 실제로 이 명조의 여자는 고등학교만 졸업하고 전업주부를 하였다.

일간 丙火+의 유일한 통근처인 일지 寅의 중기 丙火가 목다화식으로 약화되어, 명조의 주인공은 삶을 개척하려는 의지가 약했다. 그러나 일간 丙火+의 유일한 통근처가 목다화식으로 약화된 일지 寅의 중기 丙火이므로, 이 명조의 주인공은 20대 초반에 결혼하면서 남편의 존재를 채웠다.

일간 丙火+이 목다화식으로 연간의 정인 乙木-을 사용하지 못하므로, 이 명조의 주인공은 국가자격증을 사용한 전문직이나 공무원을 하지 않았다. 또한 월간의 상관(傷官) 己土-은 통근을 하지 못한 상황에서 연간 乙木-에게 진극을 당하는 동시에 통근이 약한 일간 丙火+에게 진생을 받지 못한다. 따라서 일간 丙火+은 월간의 상관 己土-을 사용하지 못하므로, 대기업을 비롯한 사회단체에서 근무하지 않았다.

일간 丙火+은 시간(時干)의 식신(食神) 戊土+을 사용하지 않는다. 일간 丙火+은 목다화식으로 숨이 막히는 일지에 있을지라도 오직 나의 뿌리가 되는 일지의 중기 丙火에만 기댄다. 따라서 이 명조의 주인공은 전업주부로 생활하였다.

時	日	月	年	
癸	丙	己	乙	天干
巳	寅	卯	卯	地支
戊	戊	甲	甲	地藏干
庚	丙			
丙	甲	乙	乙	

앞의 (사례1)이 戊子時인 반면에 이 명조는 癸巳時로 시주(時柱)만 바뀌었다. 이렇게 사주(四柱) 중에서 시주만 다름에도 불구하고, (사례1)은 목다화식이 발생했으나 (사례2)는 일간이 통근하여 목다화식이 해소되었다. 따라서 (사례1)의 주인공은 학업의 성취가 약했으나 (사례2)의 주인공은 명문대를 졸업하고 행정고시에 합격하여 고위직 행정공무원을 하였다.

이 명조에서 일간 丙火+이 시지 巳의 본기 丙火에 통근하여 일지 寅과 월지 卯의 寅卯 木方 반회를 능동적으로 소화한다. 다시 말해서, 통근한 일간 丙火+은 세력이 커진 인성 木方 반회에 숨이 막히지 않아서 목다화식이 발생하지 않는다. 심지어 더 나아가서 통근한 일간 丙火+은 세력이 커진 인성 木方 반회를 재능으로 잘 사용한다. 실제로 이 명조의 여자는 공부하는 재능을 소유하여 명문대를 졸업하고 행정고시에 합격하였다.

일간 丙火+은 주로 시지 巳의 본기 丙火에 통근하였다. 따라서 일간 丙火+의 주된 통근처는 개인적 공간인 시지가 된다. 일간의 주된 통근처가 개인적 공간인 시지이므로, 이 사람은 다른 사람한테 의존하지 않고 스스로의 노력으로 본인의 존재가치를 높였다.

일간 丙火+은 시지 巳의 본기 丙火에 통근하여 연간의 정인 乙木-을 사용하므로, 이 명조의 주인공은 국가공무원을 하였다. 또한 월간의 상관 己土-은 통근을 하지 못한 상황에서 연간 乙木-에게 진극을 당하지만, 통근한 일간 丙火+에게 진생을 받아서 0점이 된다. 따라서 일간 丙火+은 월간의 상관 己土-을 사용할 수는 있으나, 寅卯 木方 반회에 통근한 연간의 정인 乙木-을 사용하는 것이 더 유리하다. 이러한 사주체의 구조에 의거하여 이 명조의 주인공은 월간이 뜻하는 기업체를 비롯한 사회단체보다 국가공무원으로 생업을 만드는 것을 선호하였다.

(사례3) 통근으로 木方 반회의 모자멸자를 해소시키는 경우 – 2

時	日	月	年	
戊	丙	乙	癸	天干
子	寅	卯	巳	地支
壬	戊	甲	戊	地藏干
	丙		庚	
癸	甲	乙	丙	

앞의 (사례1)이 연지가 卯인 반면에 이 명조는 巳이다. (사례1)은 목다화식이 발생했으나 (사례3)은 일간 丙火+은 연지 巳의 본기 丙火에 통근하여 목다화식이 해소되었다. 따라서 (사례1)의 주인공은 학업의 성취가 약했으나 (사례3)의 주인공은 명문대를 졸업하고 기업체에서 근무하였다.

이 명조에서 일간 丙火+은 연지 巳의 본기 丙火에 통근하여 일지 寅과 월지 卯의 寅卯 木方 반회를 능동적으로 소화한다. 다시 말해서, 통근한 일간 丙火+은 세력이 커진 인성 木方 반회에 숨이 막히지 않아서 목다화식이 발생하지 않는다. 심지어 더 나아가서 통근한 일간 丙火+은 세력이 커진 인성 木方 반회를 재능으로 잘 사용한다. 실제로 이 명조의 남자는 공부하는 재능을 소유하여 명문대를 졸업하고 기업체에서 근무하였다.

일간 丙火+은 주로 연지 巳의 본기 丙火에 통근하였다. 따라서 일간 丙火+의 주된 통근처는 인사명령권자인 연지가 된다. 일간의 주된 통근처가 인사명령권자인 연지이므로, 이 남자는 윗사람을 잘 모셔서 발탁을 잘 받았다. 따라서 이 남자는 연지가 상징하는 인사명령권자 또는 윗사람을 전초기지로 삼았다. 실제로 이 남자는 기업체에서 50대 초반까지 근무하였다.

일간 丙火+은 연지 巳의 본기 丙火에 통근하여 월간의 정인 乙木-을 사용하므로, 이 명조의 주인공은 회사원을 하였다. 또한 시지 子의 본기 癸에 통근을 한 연간의 정관 癸水-은 시간의 戊土+과 천간합을 해서 일간에게 마음이 약하다. 따라서 일간 丙火+은 연간의 정관 癸水-을 사용할 수는 있으나, 寅卯 木方 반회에 통근한 월간의 정인 乙木-을 사용하는 것이 더 유리하다. 이러한 사주체의 구조에 의거하여 이 명조의 주인공은 월간이 뜻하는 사회단체나 기업체에서 생업을 만드는 것을 선호하였다.

(사례4) 木方 반회로 모자멸자가 발생한 경우 - 2

時	日	月	年	
戊	丙	癸	壬	天干
戌	寅	卯	寅	地支
辛	戊	甲	戊	地藏干
丁	丙		丙	
戊	甲	乙	甲	

일간 丙火+은 연지와 일지 寅의 중기 丙火에 통근하는 것처럼 보인다. 그러나 연지 寅과 월지 卯의 寅卯 木方 반회가 연지 寅의 중기 丙火를 식게 만든다. 또한 일지 寅과 월지 卯의 寅卯 木方 반회가 일지 寅의 중기 丙火를 식게 만든다. 따라서 일간 丙火+은 연지와 일지 寅의 중기 丙火에 통근하는 것이 약해진다. 오히려

일간 丙火+조차도 세력이 커진 인성(印星) 木方 반회에 식는 목다화식이 발생하였다.

일간 丙火+은 목다화식에 의해서 약해지므로, 일간 丙火+은 연간 壬水+에게 진극을 당하면서 (+1)점을 줄 수 없다. 또한 연간 壬水+은 통근처가 없는 상황에서 寅卯 木方 반회에 설기를 강하게 당한다. 연지와 일지의 寅의 중기 丙火가 목다화식으로 약해져서 연간 壬水+이 진극하는 의지처가 될 수 없다. 따라서 일간 丙火+은 연간을 사용하지 못하므로, 학업성취가 약하고 국가공무원에 인연이 없다.

월간의 정관 癸水-은 통근처가 없는 상황에서 寅卯 木方 반회에 설기를 강하게 당한다. 월간 癸水-이 시지 戌의 중기 丁을 진극하면서 (+1)점을 얻는 것에 비해서 寅卯 木方 반회에 설기를 당하는 것이 훨씬 강하다. 따라서 일간 丙火+은 약한 월간의 정관 癸水-으로 생업을 삼기가 마땅치 않았다. 실제로 이 명조의 여자는 월간이 뜻하는 사회단체나 기업체에 많이 근무하지 않았다.

일간 丙火+의 통근처인 연지와 일지 寅의 중기 丙火가 목다화식으로 약화되어, 명조의 주인공은 삶을 개척하려는 의지가 약했다. 그러나 일간 丙火+의 주된 통근처가 목다화식으로 약화된 일지 寅의 중기 丙火이므로, 이 명조의 주인공은 20대에 결혼하여 전업주부로 살았다.

(사례5) 木方 삼회로 모자멸자가 발생한 경우 – 1

時	日	月	年	
甲	丁	甲	癸	天干
辰	卯	寅	卯	地支
乙	甲	戊	甲	
癸		丙		地藏干
戊	乙	甲	乙	

?	?	?	?	?	?	?	?	대운수
丙	丁	戊	己	庚	辛	壬	癸	대운
午	未	申	酉	戌	亥	子	丑	

이 명조는 『적천수천미』「반국(反局)」에 나오는 남자의 것인데, 이 명조에 대해서 임철초는 다음처럼 해석하였다.

"이 명조는 세속에서 관살이 인성을 생하고, 일간은 강하며 관살은 약해서 金水의 운에서 명예와 이로움을 모두 거두어들일 것이라고 이른다. (그러나 이것은) 癸水의 기운이 甲木에게 다 흘러들었고, 지지도 寅卯辰이 갖추어져 나무가 많아서 불이 식는 것을 알지 못하기 때문이다.

초반의 癸丑 壬子의 운에서 木을 생하고 火를 극하므로, 형상파모[식구들이 다치거나 죽고 재물이 깨어짐]하였다. 辛亥 庚戌 己酉의 운은 土가 살아나고 金이 왕성해져 卯木의 왕성한 신을 범해서 엎어지고 자빠지므로, 대저 살 수 있는 땅이 존재하는 것조차 이상하였다. 그래서 60세 이전에는 한 가지도 이루는 것이 없었다. 丁未운이 일간을 도와 일으켜서 강한 인수에 순응하여 좋은 때를 만나므로, 첩에게 장가도 들고 연달아 아들 둘을 얻었다. 丙午운까지 20년간 돈도 수만금을 벌었고, 수명은 90세 이후까지 이르렀다."

"此造俗謂殺印相生, 身強殺淺, 金水運名利雙收. 不知癸水之氣, 盡歸甲木, 地支寅卯辰全, 木多火熄. 初運癸丑壬子生木剋火, 刑傷破耗. 辛亥庚戌己酉戊申, 土生金旺, 觸卯木之旺神, 顛沛異常, 夫存生之地. 是以六旬以前, 一事無成. 丁未運助起日元, 順母之性, 得際遇, 娶妾連生兩子. 及丙午二十年, 發財數萬, 壽至九旬外."

위의 임철초의 해석처럼 일간 丁火-은 통근하지 못하였으므로, 寅卯辰 삼회를 해소시키지 못하였다. 따라서 일간이 목다화식으로 무력하여 관직에 나서지 못한 보통 사람의 명조가 되었다.

(사례6) 木方 삼회로 모자멸자가 발생한 경우 – 2

時	日	月	年	
甲	丁	甲	戊	天干
辰	卯	寅	子	地支
乙	甲	戊	壬	
癸		丙		地藏干
戊	乙	甲	癸	
78	68	58	48	38	28	18	8	대운수
壬	辛	庚	己	戊	丁	丙	乙	대운
戌	酉	申	未	午	巳	辰	卯	

앞의 (사례5)가 癸卯年인 반면에 이 명조는 戊子年으로 연주(年柱)만 바뀌었다. 그러나 사주(四柱) 중에서 연주가 다름에도 불구하고, 이 명조도 (사례5)와 거의 동일한 삶의 모습이 많았다.

이 명조에서 일간 丁火-은 통근하지 못하였으므로, 寅卯辰 삼회를 해소시키지 못하였다. 따라서 일간이 목다화식으로 무력하여 한 평생 벌이는 사업마다 실패를 하였다.

(사례7) 통근으로 木方 삼회의 모자멸자를 해소시키는 경우 – 1

時	日	月	年	
甲	丁	甲	戊	天干
辰	卯	寅	戌	地支

乙	甲	戊	辛	
癸	丙	丁	地藏干	
戊	乙	甲	戊	

앞의 (사례6)이 戊子年인 반면에 이 명조는 戊戌年으로 연지만 바뀌었다. (사례6)은 목다화식이 발생했으나 이 명조는 일간 丁火-이 연지 戌의 중기 丁火에 통근하여 목다화식이 해소되었다. 따라서 (사례6)의 주인공은 학업의 성취가 약했으나 이 명조의 주인공은 명문대 화학공학과를 졸업하고 제약 회사에서 연구원으로 근무하였다.

이 명조에서 일간 丁火-은 연지 戌의 중기 丁火에 통근하여 월지 寅과 일지 卯, 시지 辰의 寅卯辰 木方 삼회를 능동적으로 소화한다. 다시 말해서, 통근한 일간 丁火-은 세력이 커진 인성 木方 삼회에 숨이 막히지 않아서 목다화식이 발생하지 않는다. 심지어 더 나아가서 통근한 일간 丁火-은 세력이 커진 인성 木方 삼회를 재능으로 잘 사용한다. 실제로 이 명조의 남자는 공부하는 재능을 소유하여 명문대 화학공학과를 졸업하고 제약회사에서 연구원으로 근무하였다.

일간 丁火-은 오직 연지 戌의 중기 丁火에 통근하였다. 따라서 일간 丁火-의 유일한 통근처는 인사명령권자인 연지가 된다. 일간의 유일한 통근처가 인사명령권자인 연지이므로, 이 남자는 윗사람을 잘 모셔서 발탁을 잘 받았다. 따라서 이 남자는 연지가 상징하는 인사명령권자 또는 윗사람을 전초기지로 삼았다.

일간 丁火-은 연지 戌의 중기 丁火에 통근하여 월간의 정인 甲木+을 사용하므로, 이 명조의 주인공은 회사원을 하였다. 또한 연지 戌의 본기 戊에 통근을 한 연간의 상관 戊土+은 월간 정인 甲木+에게 진극을 받은 후에 일간 丁火-에게 진생을 받는다. 따라서 일간 丁火-은 월간의 정인 甲木+에게 진생을 받는 것이 연간의 상관 戊土+을 진생하는 것보다 상대적으로 더 빠르고 효율적이다. 이러한 사주체의 구조에 의거하여 이 명조의 주인공은 국가공무원을 뜻하는 연간보다 월간을 더 선호하여 기업체에서 근무하였다.

時	日	月	年	
甲	丁	戊	庚	天干
辰	卯	寅	戌	地支
乙	甲	戊	辛	
癸		丙	丁	地藏干
戊	乙	甲	戊	

이 명조에서 일간 丁火-은 연지 戌의 중기 丁火에 통근하여 월지 寅과 일지 卯, 시지 辰의 寅卯辰 木方 삼회를 능동적으로 소화한다. 다시 말해서, 통근한 일간 丁火-은 세력이 커진 인성 木方 삼회에 숨이 막히지 않아서 목다화식이 발생하지 않는다. 심지어 더 나아가서 통근한 일간 丁火-은 세력이 커진 인성 木方 삼회를 재능으로 잘 사용한다. 실제로 이 명조의 남자는 공부하는 재능을 소유하여 명문대 경제학과를 졸업하고 지방의 사립대에서 교수로 재직하였다.

일간 丁火-은 오직 연지 戌의 중기 丁火에 통근하였다. 따라서 일간 丁火-의 유일한 통근처는 인사명령권자인 연지가 된다. 일간의 유일한 통근처가 인사명령권자인 연지이므로, 이 남자는 윗사람을 잘 모셔서 발탁을 잘 받았다. 따라서 이 남자는 연지가 상징하는 인사명령권자 또는 윗사람을 전초기지로 삼았다.

일간 丁火-은 연지 戌의 중기 丁火에 통근하여 월간의 상관 戊土+을 진생하면서 사용하므로, 이 명조의 주인공은 사립대에서 교수를 하였다. 통근한 일간이 인성을 잘 소화하면서 상관을 진생해서 교수를 한 것이다.

참고로 기(氣)를 주는 오행양음의 세력이 너무 커서 오히려 받는 오행양음을 무기력하게 만드는 현상은, 진생에서만 발생하고 진극에서는 발생하지 않는다.

왜냐하면, 진생은 다른 극끼리의 인력으로 발생해서 유정(有情)하나 진극은 같은 극끼리의 척력으로 발생해서 무정(無情)하기 때문이다. 따라서 통근하지 않은 일간이 재성의 방회(方會)를 이루는 지지를 진극하면서 의존하는 것은 가능하다.

예컨대 통근하지 않은 일간 辛金-이 월지 寅과 일지 卯로 이루어진 木方 재성을 진극하는 경우에는 모자멸자와 같은 현상은 발생하지 않는다. 일반적으로 조그만 도끼로 매우 큰 나무를 치는 경우에는 도끼의 이빨이 빠질 것처럼 보인다. 그러나 이런 경우에는 세력이 큰 재성인 나무가 조그만 도끼를 밀치면서 (+1)점을 주게 되므로, 밀착으로 인해서 숨이 막히는 현상은 발생하지 않는다.

4

택지향묘지혈의 물리적 실체

　중국의 전설에 의하면 상고(上古)의 삼황오제(三皇五帝)의 시대를 거쳐 하 (夏)·상(商)·주(周)의 3대(三代)가 존재했다. 하(夏, 기원전 21세기~기원전 16 세기)나라 시대를 비롯한 중국 고대(古代) 시절에 낮에 해시계로 지구의 공전에 의한 절기별 태양의 고도 변화와 지구의 자전에 의한 태양의 일주운동을 측정하 는 것은, 다음처럼 크게 세 가지 어려움과 문제를 겪었다.

　첫 번째 어려움은 측정의 정확성을 위해서 규표(圭表)를 준비해야 하는 점이 다. 그러나 일반 백성들이 해시계를 사용하여 정확한 절기, 태양월, 시진을 측정 하기가 어려웠다. 규표는 상(商)나라 시절부터 사용된 해시계이다. 규(圭)는 표 의 아래 끝에 붙여서 수평으로 북을 향하여 누인 자[尺]이고, 표(表)는 지상에 수직으로 세운 막대이다.

　두 번째 문제는 해시계를 밤에는 사용할 수 없다는 점이다.

　세 번째 어려움은 지구의 공전에 의한 절기별 태양의 상하운동과 지구의 자전 에 의한 시진별 태양의 회전운동은 각각 태양의 고도각과 방위각으로 표시되어 서 비교할 수가 없다는 점이다. 지구의 공전과 자전의 물리적 단위가 달라서 비 교할 수 없으면, 지구의 공전과 자전을 통합한 물리적 계산이 불가능하다.

　중국 고대 시절부터 해시계의 단점을 보완하기 위해서 [그림128]처럼 해시계 와 더불어 두병소지와 이십팔수를 동시에 사용하여 태양력(太陽曆)과 태음력 (太陰曆)을 설정했다. 두병소지와 이십팔수는 일반 백성들도 육안으로 쉽게 관 찰할 수 있다. 또한 두병소지와 이십팔수를 통해서 밤에 정확하게 측정한 절기 와 태양월, 태음월 등의 정보는 반대급부(反對給付)로 해시계의 정확성과 정밀 도를 높여 주었다.

[태양의 운동을 두병소지로 대체하여 측정]

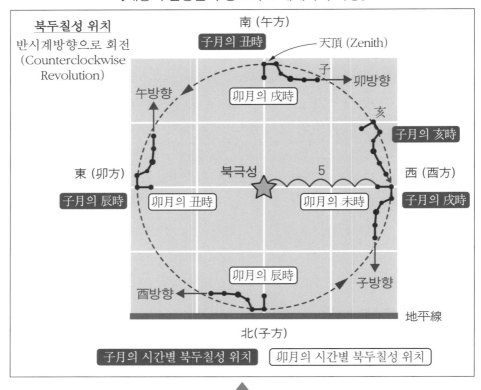

[절기별 태양의 상하운동과 일주운동]

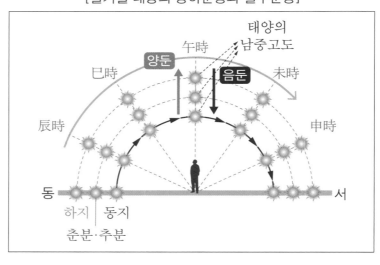

[그림128] 해시계와 두병소지의 동시 사용

[두병소지에서 體인 월건과 用인 시진]

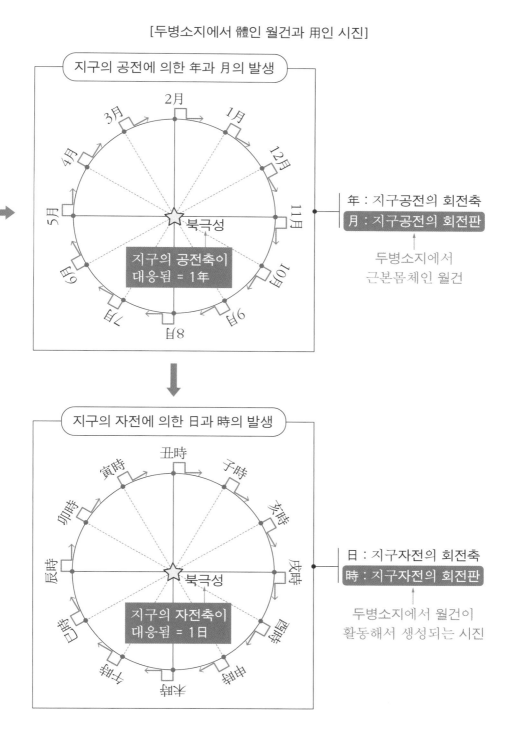

지구의 공전에 의한 年과 月의 발생

2月
3月
1月
4月
12月
5月
11月
☆ 북극성
지구의 공전축이
대응됨 = 1年
6月
10月
7月
9月
8月

年 : 지구공전의 회전축
月 : 지구공전의 회전판

두병소지에서
근본몸체인 월건

지구의 자전에 의한 日과 時의 발생

丑時
寅時
子時
卯時
亥時
辰時
戌時
☆ 북극성
지구의 자전축이
대응됨 = 1日
巳時
酉時
午時
申時
未時

日 : 지구자전의 회전축
時 : 지구자전의 회전판

두병소지에서 월건이
활동해서 생성되는 시진

사주체의 시공간 계층구조

하나라 시절에 두병소지와 이십팔수를 동시에 사용한 것은, 『대대예기(大戴
禮記)』「하소정(夏小正)」에 나오는 다음의 구절을 통해서 엿볼 수 있다.

"1월 초저녁에 삼수(參宿)는 남중(南中)하고, 북두칠성의 자루는 아래쪽에 걸
려 있다. 6월 초저녁에 북두칠성의 자루는 똑바로 위쪽에 있다."

"正月初昏參中, 斗柄懸于下. 六月初昏, 斗柄正在上."

『대대예기』는 중국 전한(前漢)의 원제(元帝: 재위 기원전 49년~33년) 시대에
대덕(戴德)이 편찬한 책이고, 「하소정」은 이 책의 1편이다. 「하소정」에는 하(夏)
나라 때의 12개월 순서에 의거하여 〈별자리 모양, 기후, 농사와 관련된 자연현상〉
등으로 표시된 농사력(農事曆)이 주로 실려 있다.

두병소지는 주(周, 기원전 11세기~기원전 256년)나라 이후의 춘추전국시대
(春秋戰國時代, 기원전 8세기~기원전 3세기), 전한(前漢, 기원전 206년~기원후
8년) 시대에도 사용되었음을 다음의 책들을 통해서 알 수 있다.

① 『冠子』「環流第五」:"斗柄東指, 天下皆春, 斗柄南指, 天下皆夏, 斗柄西指,
   天下皆秋, 斗柄北指, 天下皆冬."

   『갈관자』「환류제오」:"두병이 동쪽을 가리키면 천하는 모두 봄이고, 두병이
   남쪽을 가리키면 천하는 모두 여름이고, 두병이 서쪽을 가리키면 천하는 모
   두 가을이고, 두병이 북쪽을 가리키면 천하는 모두 겨울이다."

   『갈관자』는 춘추전국시대에 초(楚, ?~기원전 223년)나라 사람인 갈관자의 저
   작이다.

② 『淮南子』「天文訓」:"帝張四維, 運之以斗, 月徙一辰, 復反其所. 正月指寅,

十二月指丑, 一歳而匝終 而復始."

『회남자』「천문훈」: "천제(天帝 : 하늘이 임금)는 사유(四維 : 네 모퉁이의 방위로서 곧 〈北東·南東·北西·南西〉의 네 방위. 사우(四隅)라고도 함)를 늘어뜨려, 북두칠성으로써 운전을 한다. 달마다 한 辰을 옮기고 다시 처음 장소로 되돌아간다. 정월이면 寅방향을 가리키고, 12월이면 丑방향을 가리킨다. 한 해가 끝나면 다시 처음이 된다."

『회남자』는 전한 시대의 회남왕(淮南王) 유안(劉安)이 기원전 100년경에 편찬한 일종의 백과사전이다.

두병소지는 지구의 공전 효과를 지구의 자전에 통합시켜 표시한다. 따라서 두병소지는 지구의 공전과 자전의 물리적 단위가 일치하여 지구의 공전 효과와 자전 효과를 합산할 수 있다. 이러한 합산은 시간과 공간을 정의하고 공시간과 시공간의 계층구조까지 도출한다. 두병소지의 물리적 단위 즉 좌표단위가 간지이다. 따라서 두병소지로 측정되는 연월일시는 모두 간지로 표시되어 시간, 공간, 공시간, 시공간을 정의하고 도출한다.

두병소지로 월건과 시진을 측정하는 방법에 의해서 월령(月令)은 사주체의 바탕이 된다. 사주체는 시공간 계층구조를 표기한 것이므로, 월령은 시공간 계층구조의 바탕이 된다. 여기에서 '월령'은 지구의 공전 효과를 표시하는 시공간의 전체적인 틀로서 월건이 사용되는 것을 강조하여 부르는 용어이다. 월건은 두병소지로 설정되는 월(月)을 의미한다.

월령의 정체를 더 명백하게 규명하기 위해서 두병소지와 태양의 겉보기운동에서 체와 용에 대한 개념정리가 필요하다. 두병소지와 태양의 겉보기운동에서 체는 모두 월(月)이 되고, 용은 모두 시(時)가 된다.

특히 [그림129]의 상단처럼 두병소지의 체는 월건이 되고, 두병소지의 용은 시진이 된다. 두병소지에서 체가 월건이 되는 이유는 다음과 같다.

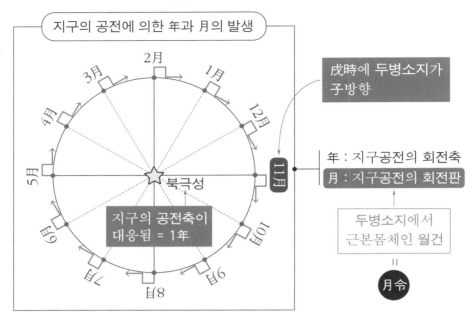

[두병소지에서 體인 월건]

지구의 공전에 의한 年과 月의 발생

2月
3月
1月
4月
12月
5月
11月
6月
10月
7月
9月
8月

북극성

지구의 공전축이
대응됨 = 1年

戌時에 두병소지가
子방향

年 : 지구공전의 회전축
月 : 지구공전의 회전판

두병소지에서
근본몸체인 월건
=
月令

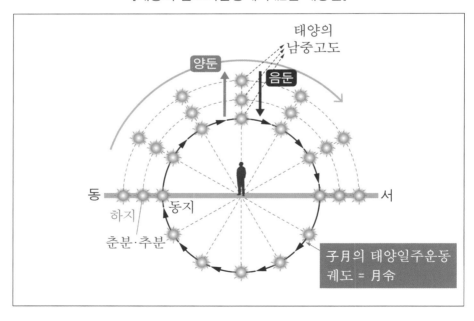

[태양의 겉보기운동에서 體인 태양월]

태양의
남중고도

양둔

음둔

동
서

동지

하지

춘분·추분

子月의 태양일주운동
궤도 = 月令

[그림129] 두병소지와 태양의 겉보기운동에서 체와 용

[두병소지에서 用인 시진]

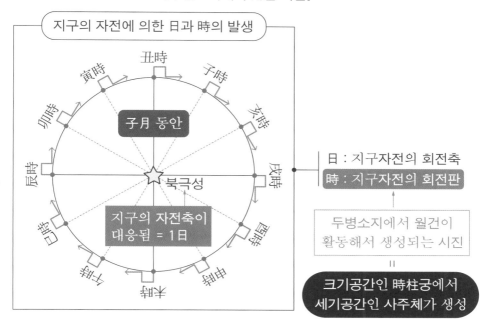

지구의 자전에 의한 日과 時의 발생

子月 동안

북극성

지구의 자전축이
대응됨 = 1日

子時 丑時 寅時 卯時 辰時 巳時 午時 未時 申時 酉時 戌時 亥時

日 : 지구자전의 회전축
時 : 지구자전의 회전판

두병소지에서 월건이
활동해서 생성되는 시진
=
**크기공간인 時柱궁에서
세기공간인 사주체가 생성**

[태양의 겉보기운동에서 用인 시진]

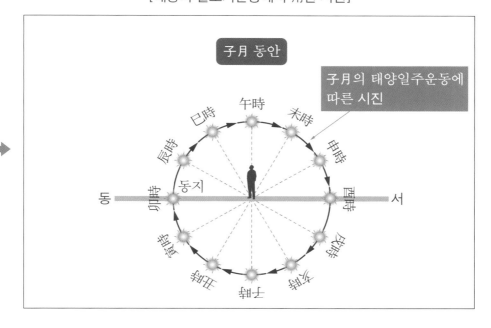

子月 동안

子月의 태양일주운동에
따른 시진

午時 巳時 辰時 卯時 寅時 丑時 子時 亥時 戌時 酉時 申時 未時

동지

동   서

두병소지는 매달 음력 초하룻날의 초저녁[戌時]을 시작점으로 삼는다. 다시 말해서, 달이 안 보이는 삭일(朔日)의 戌時에 북두칠성의 자루가 가리키는 방향이 월건의 지지가 된다. 또한 시진은 월건이 정해지는 戌時를 기준점으로 삼아서 두병소지의 회전각에 따라 순차적으로 매겨진다. 결과적으로 두병소지의 몸체는 지구의 공전에 의해서 발생하는 월건이고, 두병소지의 몸체가 활동하여 발생하는 시진은 두병소지의 용이 된다.

두병소지의 체와 용은, [그림129]의 하단처럼 태양의 겉보기운동에서 체와 용으로 일대일로 대응된다. 시진에 따라 일주운동을 하는 태양의 몸체는 태양월에 입각하여 미리 설정된 고도(高度)를 갖는 태양이다. 다시 말해서, 태양의 겉보기운동에서 체는 태양월이고, 용은 시진이다.

월건에 입각하여 한 달 내내 같은 몸체인 두병은 시진에 따라서 회전운동을 한다. 또한 태양의 겉보기운동에서도 태양월에 입각하여 한 달 내내 같은 몸체인 태양은 시진에 따라서 회전운동을 한다.

사주명리학에서는 태양월을 몸체인 바탕으로 삼아서 용이 되는 시주궁(時柱宮)에 세기공간인 연주, 월주, 일주, 시주 모두가 가득 차서 존재한다. 다시 말해서, 천반인 태양월의 바탕 환경 아래에 위치하는 지반인 시주궁에 시공간 계층구조가 담겨지는 이중적 구조가 사주체의 실체이다. 여기에서 시공간 계층구조는 세기공간인 〈연주→월주→일주→시주〉로 짜인 사주팔자이다.

사주명리학에서는 시공간 계층구조가 담겨지는 시주궁의 바탕 환경이 되는 태양월을 '월령'이라고 부른다. 월령은 시공간 계층구조인 사주팔자가 담겨지는 바탕 환경이 된다. 또한 월령은 시공간 계층구조가 담겨지는 바탕 환경이므로, 세기성질로 이루어진 공간이 된다. 다시 말해서, 월령은 세기공간 즉 시공간의 성질을 띤다.

[그림130]에서는 甲子 월령 아래에 크기공간 乙未時宮 안에 세기공간인 〈癸酉年宮→甲子月宮→丙寅日宮→乙未時宮〉으로 짜인 시공간 계층구조가 담겨진 사주체를 사례로 삼았다.

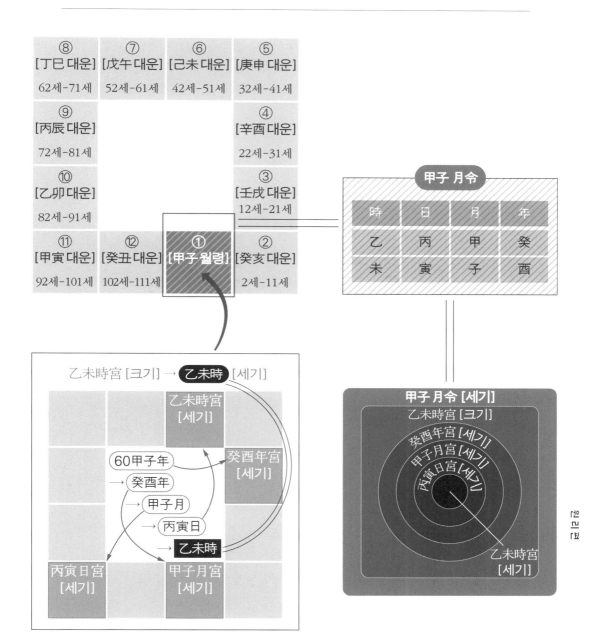

[그림130] 시공간 계층구조의 바탕인 월령

[그림130]처럼 월령에서 시작하여 지구의 공전에 의해서 발생하는 1년 동안에 월건궁을 순행하거나 역행하는 것이, 사주체의 대운(大運)이 된다.

　　　　　　　　　　　　　　　　　　　　　사주체의 시공간 계층구조

월령은 시공간 계층구조의 바탕이 되고, 시주궁은 시공간 계층구조가 담겨지는 최종적인 크기공간이 된다. 사주명리학에서는 이런 현상을 '택지향(宅之向) 묘지혈(墓之穴)'로 부른다.

『적천수』「월령(月令)」에서는 다음의 구절처럼 월령을 제강(提綱)으로 비유하였다.

"월령은 곧 총괄하는 큰 관청인데, 그것을 비유한 것이 집이다. 인원(人元: 지장간)은 용사(用事)하는 신(神)으로서 집의 일정한 방향이므로, 선택하지 않을 수 없다."

"月令乃提綱之府, 譬之宅也. 人元用事之神 宅之定向也 不可以不卜."

인원(人元)은 월령 속의 지장간을 의미하며, 용사는 행사(行事)와 같은 단어로서 '일을 행하는'의 뜻으로 해석할 수 있다. 또한 월령 속의 지장간은 집의 방향인데, 집의 방향이 좋고 나쁨이 집에 사는 사람의 운명에 강한 영향을 준다. 집의 방향과 동일한 방식으로 월령 속의 지장간이 일간(日干)을 비롯한 각 천간에게 좋고 나쁜 영향을 주므로, 월령 속의 지장간을 집의 방향으로 비유한 것이다.

제강(提綱)은 〈提 : 끌 제, 綱 : 벼리 강〉으로서 '벼리를 끈다.'라는 뜻인데, 개괄적으로 요점만을 추려 제시하는 것이라는 뜻으로 확대되어 사용된다. 월령을 제강으로 비유한 이유는, 월령은 그물을 총괄하는 조정자(調停者)인 벼리처럼 사주팔자를 총괄하는 조정자이기 때문이다. 벼리는 그물의 위쪽 코를 꿰어 놓은 줄로서 그물의 조정자가 된다.

월령은 시공간 계층구조인 사주팔자의 바탕이 된다. 따라서 월령은 곧 총괄하는 관청이 된다.

『적천수』「생시(生時)」에서는 다음 구절처럼 생시(生時)를 묘지(墓地)로 비유하였다.

"생시는 곧 돌아가 잠드는 땅이므로, 그것을 비유하면 묘지가 된다. 인원(人元: 지장간)은 용사(用事)하는 신(神)으로서, 묘지의 혈 방향이 된다. 따라서 분별하지 않을 수 없다."

"生時乃歸宿之地, 譬之墓也. 人元爲用事之神, 墓之穴方也. 不可以不辨."

여기에서 인원(人元)은 시지 속의 지장간을 의미하며, 용사는 행사(行事)와 같은 단어로서 '일을 행하는'의 뜻으로 해석할 수 있다. 또한 시지 속의 지장간은 묘지의 혈인데, 묘지의 혈은 묘지의 정기(精氣)를 집중한 곳이다. 묘지의 혈 방향이 좋고 나쁨이 자손의 운명에 강한 영향을 준다. 묘지의 혈 방향과 동일한 방식으로 시지의 지장간이 일간을 비롯한 각 천간한테 좋고 나쁜 영향을 주므로, 시지의 지장간을 묘지의 혈 방향으로 비유한 것이다.

시주궁에 〈연주→월주→일주→시주〉의 시공간 계층구조로 짜인 사주팔자가 최종적으로 담겨지므로,『적천수』는 생시를 묘지라고 하였다.

『주례(周禮)』「춘관(春官)·복사(卜師)」의 "무릇 점은, 거북이의 상하와 좌우, 음양을 분별하는 것이다(凡卜, 辨龜之上下左右陰陽)."라는 구절을 참조하여『적천수』「월령」의 "…… 不可以不卜."에서 '卜'을 '辨'과 동일한 뜻으로 '분별하다, 선택하다, 헤아리다'로 해석하였다.『주례』는 유교의 경전(經典) 중 하나로서 주(周)나라 때의 관제(官制)를 기록한 책이다.

홍국기문둔갑(洪局奇門遁甲)에서는 [그림131]처럼 월령은 시공간 계층구조의 바탕이 되고, 시지궁은 시공간 계층구조가 담겨지는 최종적인 크기공간이 되는 방식으로 시공간이 설정되어 있다. 홍국기문둔갑은 하도수를 '홍국수(洪局數)'라고 부르는데, 이런 홍국수를 낙서운동으로 구궁에 배치한 기문둔갑이다.

[그림131]의 상단처럼 子月令은 사주팔자가 담겨지는 바탕이 담겨진다. [그림131]의 상단은 子月令 아래에 담겨지는 크기공간 乙未時宮 내부의 십이지지

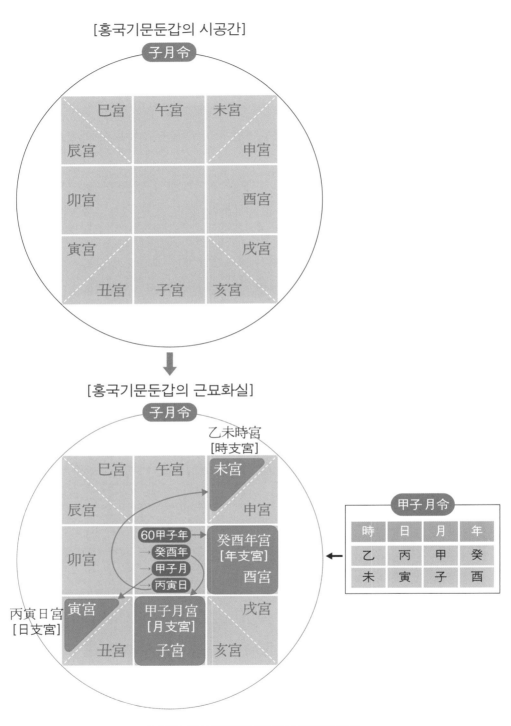

[그림131] 홍국기문둔갑에서 월령의 쓰임

궁을 표시한 것이다. [그림131]의 하단처럼 크기공간 乙未時宮에 존재하는 시간단위인 60甲子年에 의해서 생성되는 세기공간 癸酉年宮은 연지궁(年支宮)이 되고, 癸酉年에 의해서 생성되는 세기공간 甲子月宮은 월지궁이 된다. 동일한 방식으로 甲子月에 의해서 생성되는 세기공간 丙寅日宮은 일지궁이 되고, 丙寅日에 의해서 생성되는 세기공간 乙未時宮은 시지궁이 된다.

　동양점성술인 자미두수에서는 [그림132]처럼 1년 동안 고정되는 십이지지궁에 월건을 배치시킨다. 이처럼 자미두수에서는 십이지지궁을 따라 생월(生月)까지 순행을 한 다음에 생시(生時)까지 역행을 해서 도달한 지지궁을 명궁(命宮)으로 삼는다. 생시로 역행하는 것을 월건이 채워진 십이지지궁에서 할 수 있

[그림132] 자미두수 시공간좌표계의 뼈대인 월건

는 이유는, 월건이 큰 주머니가 되고 시진은 월건에 포함되는 작은 시간단위가 되기 때문이다.

지금까지 탐구한 〈택지향 묘지혈〉에 의해서 월령과 월주의 차이점이 도출된다. '월령'은 월건이 지구의 공전 효과를 표시하는 시공간의 전체적인 틀로서 사용되는 것을 강조하여 부르는 용어이다. 아울러 '월주'는 월령의 바탕 환경에 속하는 크기공간 시주궁에서 시간단위인 연(年)에 의해서 생성되는 세기공간을 의미한다.

실제 사주체의 해석에서는 모두 세기성질인 월령과 월주궁을 통합시켜 [그림133]처럼 월령으로만 계산한다. [그림133]처럼 크기공간인 甲子月宮에는 원래 세기공간인 〈甲子 月令, 癸酉年宮, 甲子月宮〉이 담겨지지만, 사주체의 해석에서는 〈甲子 月令, 癸酉年宮〉만 담겨진 것으로 취급해도 무리가 없다. 또한 크기공간인 丙寅日宮에는 원래 세기공간인 〈甲子 月令, 癸酉年宮, 甲子月宮, 丙寅日宮〉이 담겨지지만, 사주체의 해석에서는 〈甲子 月令, 癸酉年宮, 丙寅日宮〉만 담겨진 것으로 취급해도 무리가 없다. 크기공간인 乙未時宮에 담겨진 세기공간도 다른 크기공간과 같은 방식으로 해석한다.

지금까지 탐구한 〈택지향 묘지혈〉까지 수용하여 사주체를 해석하는 절차와 방법은, 이 책의 후속편인 『사주명리학의 과학적 탐구 - 실전편』에 상세하게 실릴 예정이다.

甲子 月令

時	日	月	年
乙	丙	甲	癸
未	寅	子	酉

↓

크기공간인 癸酉年宮 甲子月令 [세기] + 癸酉年宮 [세기]	→	**크기공간인 癸酉年宮** 甲子月令 [세기] + 癸酉年宮 [세기]
크기공간인 甲子月宮 甲子月令 [세기] + 癸酉年宮 [세기] + 甲子月宮 [세기]	→	**크기공간인 甲子月宮** 甲子月令 [세기] + 癸酉年宮 [세기]
크기공간인 丙寅日宮 甲子月令 [세기] + 癸酉年宮 [세기] + 甲子月宮 [세기] + 丙寅日宮 [세기]	→	**크기공간인 丙寅日宮** 甲子月令 [세기] + 癸酉年宮 [세기] + 丙寅日宮 [세기]
크기공간인 乙未時宮 甲子月令 [세기] + 癸酉年宮 [세기] + 甲子月宮 [세기] + 丙寅日宮 [세기] + 乙未時宮 [세기]	→	**크기공간인 乙未時宮** 甲子月令 [세기] + 癸酉年宮 [세기] + 丙寅日宮 [세기] + 乙未時宮 [세기]

[그림133] 세기성질인 월령과 월주궁의 통합

1부.
사주팔자의 상수학적 설계원리

1장 간지가 시공간을 표시하는 원리

丙
辛
合 水

丁 壬
合
木

戊 癸
合 火

乙
合

Four Pillars of Destiny

2장 간지의 상호작용

丙
辛 合 水

丁 壬
合 木

戊 癸
合 火

乙 庚
合 金

火

Four Pillars of Destiny

2부.
사주명리학을 통한 시공간의 해석법

1부.
사주팔자의 상수학적 설계원리

1장 간지가 시공간을 표시하는 원리

2장 간지의 상호작용

2부.
사주명리학을 통한 시공간의 해석법

1장 천간의 통근

2장 사주체의 시공간 계층구조

사주명리학의 과학적 탐구

원리편

1판1쇄	2020년 11월 20일
출판등록	2016년 7월 18일
글쓴이	이승재
그림	조진현
펴낸곳	도서출판 미래터
발행인	조진현
기획	이승재, 조진현
컨텐츠 개발	과학역연구소
책임편집	조진현
디자인	도서출판 미래터
인쇄	영은문화인쇄(주)
주소	서울특별시 성동구 왕십리로 363, 210호
전화	02-2298-6332
팩스	02-6971-9322
E-mail	miraeteo@naver.com

ⓒ도서출판 미래터, 2020

ISBN 979-11-958545-7-8

FOUR PILLARS OF DESTINY

SCIENTIFIC INQUIRY

이 도서의 국립중앙도서관 출판예정도서목록(CIP)은 서지정보유통지원시스템 홈페이지(http://seoji.nl.go.kr)와 국가자료종합목록 구축시스템(http://kolis-net.nl.go.kr)에서 이용하실 수 있습니다. (CIP제어번호 : CIP2020047822)